国家社会科学基金项目"大数据时代面向国家安全的非通用语社交网络舆情研究"（编号：15CTQ028）项目资助

北京外国语大学一流学科建设数据库建设项目"大数据背景下多语种汉外大规模在线语料库建设"（编号：YY19SSK02）项目资助

光明传媒书系

跨语言舆情传播与控制研究

梁 野｜著

光明日报出版社

图书在版编目（CIP）数据

跨语言舆情传播与控制研究 / 梁野著 . -- 北京：
光明日报出版社，2021.6
ISBN 978 - 7 - 5194 - 6089 - 1

Ⅰ.①跨… Ⅱ.①梁… Ⅲ.①互联网络—舆论—研究
Ⅳ.①G206.2

中国版本图书馆 CIP 数据核字（2021）第 087648 号

跨语言舆情传播与控制研究
KUA YUYAN YUQING CHUANBO YU KONGZHI YANJIU

著　　者：梁　野

责任编辑：刘兴华　　　　　　　　　责任校对：陈永娟
封面设计：中联华文　　　　　　　　责任印制：曹　净

出版发行：光明日报出版社
地　　址：北京市西城区永安路 106 号，100050
电　　话：010 - 63169890（咨询），63131930（邮购）
传　　真：010 - 63131930
网　　址：http：//book. gmw. cn
E - mail：liuxinghua@ gmw. cn
法律顾问：北京德恒律师事务所龚柳方律师

印　　刷：三河市华东印刷有限公司
装　　订：三河市华东印刷有限公司
本书如有破损、缺页、装订错误，请与本社联系调换，电话：010 - 63131930

开　　本：170mm × 240mm
字　　数：201 千字　　　　　　　　印　　张：16
版　　次：2021 年 6 月第 1 版　　　印　　次：2021 年 6 月第 1 次印刷
书　　号：ISBN 978 - 7 - 5194 - 6089 - 1

定　　价：95.00 元

前　言

　　舆情，是指在一定的社会空间中引起的民众对某一社会事件产生和持有的社会态度、意见、情绪。本书对互联网络中舆情在跨语言传播时有可能出现的语意漂移现象进行讨论，探索如何实时且自动发现跨语言新闻转载和评论中可能存在的不安全因素，并提出一系列技术手段加以控制，降低有可能引发的对中国国际形象和社会稳定带来的不利影响。

　　本书全面、系统地阐述了跨语言舆情传播相关的理论问题和技术问题，既有理论层面的数学建模，又有实践层面的数据验证。具体包括以下五个方面的研究成果。

　　1. 建立了完整的涉华信息获取与数据处理方法

　　选取了与中国关系密切，国家和民间交往频繁的六个国家作为研究对象，在六个对象国的主流网络媒体和社交网站上进行以对象国官方语言为目标的信息采集。

　　汇集了来自北京外国语大学德语、日语、印尼语、马来语等通用语种和非通用语种的语言学专家，以及来自北京外国语大学和清华大学信息技术领域的专家，并肩协作，通过对每日互联网上产生的不同信息源，乃至不同语言源的最新海量信息的研究分析，设计了多套针对不同语言、不同网站的智能收集、快速获取、去重去伪的信息采集方法，并快速与该信息的背景资料进行有效整合的基础理论模型及其算法，并基于此找出了各大门户网站和社交媒体推动舆情产生、发展、消亡的规律，为后续开展大数据环境下跨语言舆情传播规律的研究提供足够的数据支持。

为实现研究目标，9 位教师带领 5 届近 20 名学生，先后尝试了哈萨克语、乌尔都语、老挝语、缅甸语等十多个语种资源的采集工作。经过长达三年的资源采集与对比分析，发现其中大部分语种间跨语言信息流动趋势较弱，不适合做对比研究，最后只筛选出 6 种符合本书研究要求的语种。通过五年的探索和积累，共完成一百余万条来自不同语种的文本资源的采集。经过数据清洗后，得到满足本书研究条件的有效信息 86 万余条，总存储量高达 6.38GB。其中包括德语新闻 34 万余条，马来语新闻 7 万余条，日语新闻 14 万余条，泰语新闻 10 万余条，印尼语新闻 13 万余条，越南语新闻 8 万余条。

2. 提出了跨语言传播模型的构建方法

构建跨语言传播模型，可以实现在尽可能短的时间内发现跨语言的语意漂移现象。与同语言的信息传播规律有所不同的是，由于存在语言转换的现实要求，跨语言的信息传播在时间上有一定的滞后性，某种语言中的舆情并不会在短时间内在另一种语言中引起大范围的关注，这就为舆情处置赢得了时间差。

在非通用语言人才严重短缺的情况下，人工实时对非通用语言信息进行处理和分析是不可完成的任务。传统的分析方法往往无法在短时间内察觉一系列突发事件，也不可能在此基础上摸索其产生、表达、传播、载体等方面的信息与规律。在这种环境下，面临着更为严峻的舆论危机挑战。如何在复杂的网络环境中分析非通用语言话题，把握舆情传播方向和演变规律，预测危害等级从而及时预警，使得负面舆情早日趋向消退或消亡状态成为面临的重要问题之一。在大数据时代，利用信息技术实现对非通用语言及时而有效的分析，是为我国营造和谐稳定外部环境的迫切需求。

构建了从通用语向非通用语进行跨语言信息传播的模型与舆情研究模型，可以及时发现网络上出现的以非通用语话题进行交流的有可能对我国国家安全造成危害的话题。

3. 提出了跨语言知识图谱的生成方法

构建高质量的跨语言知识图谱，是提高舆情分析与预警质量和效率的重要环节。为此，作者在知识图谱生成方法方面，做了如下探索性工作。

知识图谱构建的质量在很大程度上会影响知识图谱提供的服务质量。现在自动构建知识图谱的方法已被广泛应用于许多领域。然而，知识图谱在舆情分析与预警领域的应用依旧面临着很多困难，原因有：(1)媒体新闻中概念、关系、事件的复杂和模糊性；(2)媒体描述标准不一致，源数据质量差；(3)不同语言媒体中新闻数据多元异构化严重，如中文的新华社和英文的路透社等；(4)舆情分析领域对时效性与相关背景知识的要求高，因此特定领域专家的先验知识十分重要。在构建过程中，需要来自舆情分析专家的大量关于舆情分析与预警的先验知识和人工参与。因此，引入了一个系统架构，该架构阐明了在何时何处引入舆情分析领域专家的工作，可以提高舆情分析与预警知识图谱构建的质量和效率。经试验验证，该架构在跨语言的环境中具有良好的表现。

此外，提出了一个端到端的平台CLOpin，用来构建面向舆情分析与预警领域的大规模、跨语言的知识图谱，该平台具有四个方面的优势。(1)可对接不同类型数据源。融入从结构化实例转换的多语言的RDF数据、非英语的非结构化数据、舆情分析专家的先验知识等不同语种、不同来源的数据源，可以使新闻事件呈现更加丰满的背景和细节信息。(2)舆情预警更加及时与精准。由于引入了舆情专家工具集，提升了对同一则新闻材料不同语言表述的甄别以及跨语言知识融合的准确性，弥补了舆情分析专家先验知识缺乏的缺陷，使跨语言融合的质量和效率得到提高。(3)集成了领域内的已有成果。将基于机器学习与深度学习的通用方法融入舆情专家工具集中，减轻了单纯采用专家工具集工作量过大的问题，提升了整个系统的运行效率。(4)实现了多种类型输出。既可输出CKG和IKG，又能基于它们构建CLKG，后者是舆情分析与预警概念知识图和事实知识图的融合。CLKG中源数据的完备性，可以提供相似材料的识别服务，来支持不同语言间的舆情分析与预警关键词共享，使得此知识图谱架构面向的应用更加广泛。

4. 提出了单语言和跨语言的情感分析方法

基于单一语言的情感分析，是探索跨语言舆情传播过程中发生语意漂移现象的基础。所谓语意漂移，又称逆向传播行为，是指针对某一社会事件，当一种语言中的新闻报道被另一种语言所转述时，该事件在目标语言的新闻报道中的感情倾向性发生了变化，从正面变成了负面或者相反。

为了衡量某一事件在一种语言中的情感倾向性，需要在此单一语言中，通过情感词词典、停用词词典、否定词词典、程度副词词典等技术手段，实现该事件所对应的每一篇新闻报道中所蕴含的情感进行计算，从而确定此对象国语言对该主题报道时所持有的情感态度，即事件情感值。如果相同事件在不同语言中的情感值差异超过阈值，就可以认为发生了语意漂移。

情感倾向分析意指用自然语言处理技术、文本挖掘技术及计算机语言学等知识，从主观文本等原始素材中识别和提取主观信息，并对这些主观信息所带有的感情色彩进行分析、处理、归纳和推理。在本项研究中，使用了篇章级的文本情感倾向分析方法和主题事件级的情感倾向分析方法，分别应用于对单一新闻报道和主题事件进行情感计算。篇章级的情感倾向分析包括文本预处理、建立情感词典、建立程度副词词典、建立否定词词典、情感计算、权值选取、结果输出七个处理环节。主题事件级的情感倾向分析则包括新闻篇章分类、情感分析算法、话题提取、基于语言的算法选择与优化等处理环节。

相对于单一语言中的情感分析工作而言，跨语言的情感分析从问题的规模到解决问题的难度，都呈几何倍数程度的增长。这是因为，对不同的语种来说，相同的主题事件所引发的情绪反映有可能是大相径庭的，从而在不同语种内，舆情传播的速度、危害值、控制难度等都各不相同，相应的动力学模型也不相同。例如，对"某病毒是西方国家对中国人的基因武器"这样的舆情事件，不同语种受众的反应完全不一样，对于汉语圈的舆情来说，由于这是涉及每个人生死的问题，关注度必然极高，且控制难度极大。但是对于英语圈的舆情来说，其有可能不以为然，甚至根本不会去关注这一舆情事件，更不会由于负面情绪的积累而造成危害。而"法国黄背心运动"这样的舆情事件正好相反，汉语内部的舆情反应平淡，最多从道义上对违法行为进行谴责。除了以上两个极端的舆情事件类型，随着世界一体化的发展，世界各国和地区之间相互依存、相互关联的关系使得蝴蝶效应愈发明显，某一个国家内部所发生的事件，其舆情产生跨国影响的可能性愈发突出，因此舆情管控者不但要关注本国内部的负面舆情控制策略，也要关注舆情的跨语言流动、发展、危害及其控制问题。

为讨论对负面舆情的传播控制方法，本书从单一语言内部和跨语言两个角度提出了相应的处理策略。对于单一语言的舆情控制，提出了突击式干预、实时性干预、意见领袖引导、复合式干预四种策略。对于跨语言的舆情控制，则根据舆情传播模型提出了相对应的舆情控制模型。由于涉及对不同群体中舆情态势的分别管控，跨语言负面舆情的控制策略在实施起来相对更复杂一些。由于各个国家的国情不同，政府间的友好关系、价值观、民众利益大相径庭，因此单一语言内部的舆情控制策略中效果明显的突击式干预和实时性干预的可操作性大打折扣。

在跨语言环境中，意见领袖引导方式相对来说更容易实施，只需要对极少数能够影响舆情和舆论走向的意见领袖做工作，即可起到事半功倍的效果。这一研究成果对中国创造良好的国际舆论环境，帮助中国更顺利地实施走出去战略，具有非常重要的指导意义。

5. 提出了基于区块链技术的舆情溯源模型

研究了基于区块链技术的舆情溯源模型，可以对虚假舆情的创建者和传播者予以威慑，从而有效抑制虚假信息的产生和传播。

基于区块链技术研究复杂社交网络上舆情产生、发展、传播的特点及规律，并建立有效的溯源模型，是网络时代舆情治理的重要议题。互联网不是法外之地，无论是在单一语言内部的舆情传播还是跨语言的舆情传播，只有对负面舆情实现有效地追本溯源，方能对虚假舆情的创建者和传播者予以威慑，才能维护国家和民众的利益，维护风清气正的网络环境。

区块链技术作为去中心化的共享数据库，具有不可篡改、可溯源的特性，对有效控制虚假舆情的肆意传播，维护国家的安全稳定、企业的形象、个人的利益具有十分重要的意义。基于跨语言舆情溯源这一技术背景，通过区块链去中心化、不可篡改的特质，针对社交网络中舆情传播的规律和特点，构建了基于区块链技术的跨语言舆情溯源体系，其中包括四个主要研究内容，即基于复合链结构下的跨语言舆情溯源系统架构研究、基于共识机制的跨语言舆情溯源系统安全性与活性研究、基于智能合约的跨语言舆情溯源管理研究以及基于区块链的跨语言舆情溯源技术标准和规范研究。最终，通过完善的区块链技术体系实现对于不同语言舆情的通用化溯源体系构建。

综上所述，本书从多个维度不同层面对跨语言舆情传播的研究工作进行了拓展，相关成果对从事相关工作的科研工作者和专业人士有一定的借鉴意义。

目 录
CONTENTS

第一章　导　论

我国随着"一带一路"合作倡议和"中国文化走出去"战略的逐步推进，与相关国家在政治、经济、文化等方面的交往也越发密切，中国制定的一系列与世界共赢的政策在公布、实施以后，能否被相关国家的知情者借助其本国语言进行准确表达，使该国的政府、企业、民众正确理解和认知，从而引发倾向于中国的民情民意，创造有利于中国发展的外部环境，是衡量我国对外政策效果的重要指标，引起了中国相关部门的关注。因此，有必要对跨语言舆情传播所面临的各种挑战进行深入的分析与探讨，这是我国国家战略实施过程中无法回避的基础性、先导性问题。

与以往英语系国家在舆情监控与引导方面的背景和手段不同，由于我国非英语专家人数有限，尤其非通用语的人才稀缺，无法利用监控英语舆情的方式来监控其他语言环境中的舆情。为避免对象国在其国内宣传我国政策时出现背离我国的原意、恶意解读和诋毁我国共同发展善意的情况，本书重点对跨语言舆情传播过程中所涉及的一系列技术问题开展了研究工作，包括非通用语舆情信息的采集方法，舆情情感分析的相关理论，为缺乏足够语言专家的小众语言创建跨语言知识图谱，对舆情发展趋势进行预测，针对不利舆情进行及时有效地干预等。依据跨语言舆情传播领域实际面临的技术问题，提出了一系列针对性的理论框架，并进行实验验证取得了阶段性的研究成果，本书整体的研究框架如图1所示。

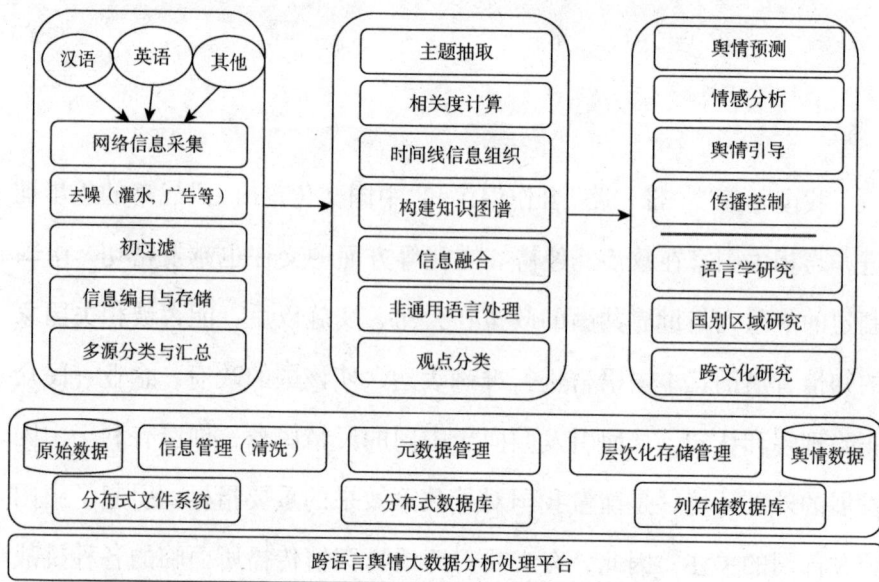

图1 跨语言舆情传播与控制方法研究框架图

一、研究范围的定义

所谓舆情，是指在一定的社会空间中引起的民众对某一社会事件产生和持有的社会态度、意见、情绪。在网络高度发达的当今社会，网络是舆情传播和表达的主要社会空间和形式手段，因此舆情在很多情况下特指网络舆情。舆情可以分为正面、中性和负面三种，负面舆情在网络上不加限制地传播，会对所涉及的组织、社会或者国家产生一定的危害性，因此对负面舆情传播过程的相关机制的研究引起了研究者的广泛关注。本研究中所提及的舆情一般是指网络中的负面舆情。

在单一语言环境中，由于受众信息来源广泛，具备相互印证的条件，因此信息传播时不易发生情感漂移。但是在跨语言环境下，由于具备多语能力的受众相对有限，在信息跨语言传播时，极易受到传播者主观意识的干扰，从而在新语言环境下引发次生舆情危机，或者影响原生舆情的走向。为了能够通过定量的方式研究舆情对受众的影响力，通过民众对社会事件的情感态度，及民众对社会事件的关注度这两个维度，对跨语言环境下舆情进行度量。

在本书中，做如下定义，如果某人受到舆情影响，我们称之为"舆情受众"或"感知者"，暂未受到舆情影响者称之为"待知者"。所谓舆情传播，是指作为感知者，有可能展现出以下四种行为：

1. 赞同该舆情观点，并试图转达给其他人，希望获得共鸣；

2. 赞同该舆情观点，但不向他人传达该舆情观点；

3. 不赞同该舆情观点，并以相反的观点转达给其他人；

4. 不赞同该舆情观点，但既不传达该舆情，也不表露自己的观点；

其中，具备第 1 种行为的称为"正向传播者"、第 3 种行为的称为"逆向传播者"。有前两种行为的个体称为"感染者"、后两种的称为"免疫者"。

本书研究以舆情传播动力学为基础展开，即利用动力学原理与数学方法，研究舆情在互联网络传播过程中对感知者的感染效果随时间变化的规律。鉴于负面舆情是国家形象和社会发展的安全隐患，因此使用社会系统不安全熵这一信息论中的概念指代负面舆情对受众的影响程度，并考查不安全熵随时间变化的规律。从时间角度来看，不安全熵是一条波形曲线。一般来说，在负面舆情出现之初，不安全熵值会越来越大，在舆情关注问题解决方案确定之前，不安全熵值达到最大，而后开始逐步减小，减小过程中有可能由于问题的反复而出现波动。不安全熵值与感染者人数成正比，与免疫者人数成反比。

随着国际化交往的不断深入，一个国家或地区发生的社会事件很容易引起利益相关国家民众的关注，这就涉及舆情跨国家、跨语言的传播。跨语言舆情传播的基本条件是，互联网络中存在具备复语能力的正向传播者或逆向传播者。由于复语人才有限，尤其是非通用语人才稀缺，涉及非通用语环境的舆情逆向传播行为很难被及时有效地发现，对舆情的正向引导缺乏技术支撑。

为此，本书以互联网络中舆情跨语言传播时有可能出现的语意漂移为研究对象，探索如何实时且自动地发现跨语言新闻转载和评论中可能存在的不安全因素，并提出一系列技术手段加以控制，降低有可能引发的对中国国际形象和社会稳定不利的影响。

二、国内外研究现状

目前，国内外尚无科研团队就跨语言舆情传播问题开展系统理论性的研究工作。跨语言舆情传播主要涉及的关键技术包括跨语言信息传播模型构建技术、知识图谱架构技术、大数据技术等方面，本节就以以上三个方面国内外的研究进展进行综述。

(一)跨语言信息传播模型构建技术

对信息传播的研究主要集中在对传播动力学的研究上，其研究思想一方面借鉴了生物领域的研究成果，如 SI、SIR、SIRS、SEIR 等经典的传染病模型[1,2]，它们揭示了不同类型传染病的传播模式；另一方面借鉴了社会学领域的研究成果，如知识传播模型[3]等。

1. 传染病模型(Epidemic Model)

传染病的基本数学模型，是通过研究传染病的传播速度、空间范围、传播途径、动力学机理等问题，以指导对传染病的有效的预防和控制。常见的传染病模型按照传染病类型分为 SI、SIR、SIRS、SEIR 模型等，按照传播机理又分为基于常微分方程、偏微分方程、网络动力学的不同类型。

一般把传染病流行范围内的人群分成如下四类。

① S 类，易感者(Susceptible)，指未得病者，但缺乏免疫能力，与感染者接触后容易受到感染；

② E 类，暴露者(Exposed)，指接触过感染者，但暂无能力传染给其他人的人，对潜伏期长的传染病适用；

③ I 类，感病者(Infectious)，指染上传染病的人，可以传播给 S 类成员，将其变为 E 类或 I 类成员；

④ R 类，康复者(Recovered)，指被隔离或因病愈而具有免疫力的人。如免疫期有限，R 类成员可以重新变为 S 类。

(1)SI 模型

SI 模型将人群分为 S 类和 I 类，在疾病传播期内，所考察地区的总人数 $S(t) + I(t) = K$ 保持不变，这个模型有两个主要结论。

① 指数增长率 r 正比于总人数。当传染率一定时，一定染病地区内的总人数 K 越多，传染病暴发的速度越快，说明了隔离的重要性；

② 在 $I = K/2$ 时，病人数目 I 增加得最快，是医院的门诊量最大的时候，医疗卫生部门要重点关注。

(2)SIR 模型

由于 SI 模型只考虑了传染病暴发和传播的过程，而 SIR 模型进一步考虑了病人的康复过程。总人数 $S(t) + I(t) + R(t) =$ 常数。这里假设病人康复后就获得了永久免疫，因而可以移出系统。对于致死性的传染病，死亡的病人也可以归入 R 类。

因此 SIR 模型只有两个独立的动力学变量 I 和 S，在给定 $t = 0$ 时刻的初始条件 $S = S(0)$，随着 S 从 $S(0)$ 开始单调递减，染病人数 I 在 $S = \gamma/\beta$ 时达到峰值，随后一直回落，直到减为零。此时剩余一部分易感人群以及疾病波及的总人数，二者可以由总人数守恒以及相轨迹方程解出。

(3)SIRS 模型

如果所研究的传染病为非致死性的，但康复后获得的免疫不能终身保持，则康复者 R 可能再次变为易感者 S。此时总人数 $S(t) + I(t) + R(t) = N$ 为常数。参数 α 决定康复者获得免疫的平均保持时间。

系统有两个不动点 $S = N(I = R = 0)$ 或 $S = \gamma/\beta(I/R = \alpha/\gamma)$。前者表示疾病从研究地区消除，而后者则是流行状态。消除流行病的参数

条件是 $\gamma > \beta N$。若做不到，则要尽量减小 α 而增加 γ，使更多人保持对该疾病的免疫力。

（4）SEIR 模型

如果所研究的传染病有一定的潜伏期，与病人接触过的健康人并不马上患病，而是成为病原体的携带者，归入 E 类。此时仍有守恒关系 $S(t) + E(t) + I(t) + R(t) = $ 常数，病死者可归入 R 类。潜伏期康复率 $\gamma 1$ 和患者康复率 $\gamma 2$ 一般不同。潜伏期发展为患者的速率为 α。与 SIR 模型相比，SEIR 模型进一步考虑了与患者接触过的人中仅一部分具有传染性的因素，使疾病的传播周期更长。疾病最终的未影响人数和影响人数可通过数值模拟得到。

2. 信息传播规律

随着网络和时代的发展，对各种载体的信息传播也有了大量的研究，比如，观点传播动力学研究[4]线上线下双层耦合网络上的舆情传播特点、传播机制、影响因素、传播模型等内容。比如，基于时空特征的网络情绪传播模型[5]，研究用户行为对情绪传播的影响，对预测情绪传播趋势具有实际意义。基于社会网络团体结构的传播[6]研究了以传播概率和传播延迟构建模型的基本关系，从而实现了基于个人意愿的信息传播。这些研究最终还是归结为求影响力最大的问题，对于网络言论的传播与控制方法的分析预测研究较少。网络舆情分析需要在现有的基础上及时而准确地预测事件发展的走向与趋势，使网络舆情的危机在潜伏期得到控制。

传统的信息传播以信息为主体，但随着网络技术的不断发展，各种各样的新闻源源不断诞生。在现在的媒体中，过去的电视、报纸已经不再是具有权威地位的信息发布中心与传播途径。普通民众在社交媒体、新闻网站、新闻 App 之类的网络平台的参与率更高，这些平台中的用户逐渐获得了创造和传播信息的权利[7]。以社交媒体为例，博文的点击率、转载率、评论数、点赞数等操作都与舆情发展有着密不可分的联系。读者之间的评论、点赞、互动、转载、引用关系构成了一个复杂的传播网络，所以在社交媒体上的舆情分析更能反映出舆情的走向。但是，在网络上的信息传播与传统的信息传播不同，用户和博文之间错综复杂的关系使得信息传播更加复杂且快速。以往的信息传播模型，比如，网络病毒的传播[8]都具有某种规律性，并不适合现如今的网络信息传播模式。

对社交媒体中跨语言资讯传播的预测是根据一定的方法和规律对初现于某一种语言的信息，在具有跨语言阅读能力用户的推动下，将信息用另一种语言进行转载而引发的跨语言流动情况，以及对信息未来的流行情况和热度进行预测。目前，博文传播预测的方法主要以基于传染病模型和基于分类或回归的模型为主。传染病模型具有数学的严谨性，可以描述信息整体的传播规律；而基于分类或回归的预测模型关注信息的传播因素，从而分析和选择特征，不依赖于网络，所以可预测信息传播范围等[9]。此外，还有基于泊松过程的预测方法[10]，应用数理统计方法研究统计规律，进一步预测未来的发展趋势。

3. 网络舆情

网络舆情是对社会舆情的反映[11]，随着互联网的普及，网络舆情成为社会舆情的重要组成部分，对社会的影响日益突出。早期的相关研究[12,13]将网络舆情传播阶段分为三个阶段，以"发生、变化、结束"

为周期作为主要研究模式。后来四阶段模型[14,15]、五阶段模型[16]、六阶段模型逐渐发展起来，它们作为三阶段模型的补充和修正，更为详细地描述了网络舆情传播的过程，不过这些模型缺乏一定的普适性[18]。

传染病模型用于网络舆情研究具有一定的严密性，能够清晰地观察到网络舆情热点的演变过程。危机事件网络舆情传播模型[19]利用了类似传染病传播的 SIS 模型来分析网络舆情传播和扩散特点，并研究出在不同危机情况下，监管部门如何应对的方案。但是该模型只将网民进行了简单划分，且仅针对传统的网络平台，降低了现实性。

（二）知识图谱架构技术

知识图谱（Knowledge Graph）是通过将应用数学、图形学、信息可视化技术、信息科学等学科的理论与方法与计量学引文分析、共现分析等方法结合，并利用可视化的图谱形象地展示学科的核心结构、发展历史、前沿领域以及整体知识架构达到多学科融合目的的现代理论。它把复杂的知识领域通过数据挖掘、信息处理、知识计量和图形绘制而显示出来，揭示知识领域的动态发展规律，为学科研究提供切实的、有价值的参考。

作为搜索引擎等信息技术领域的核心技术，百度、Google 等公司在知识图谱的研究方面取得了诸多进展。依托知识图谱的相关技术，用户可以在搜索引擎中找到最想要的信息。语言可能是模棱两可的，一个搜索请求可能代表多重含义，会将信息全面展现出来，让用户找到自己最想要的那种含义。现在，Google 能够理解这其中的差别，并可以将搜索结果范围缩小到用户最想要的那种含义，可以为用户提供最全面的摘要。其次，有了知识图谱，Google 可以更好地理解用户搜索的信息，并总结出与搜索话题相关的内容。例如，当用户搜索"玛丽·居里"时，不仅可看到居里夫人的生平信息，还能获得关于其教育背景和科学发现方面的详细介绍。此外，知识图谱也会帮助用户了解事物之间的关系。同时，知识图谱可以让搜索更有深度和广度。由于知识图谱构建了一个与搜索结果相关的完整的知识体系，所以用户往往会获得意想不到的发现。在搜索中，用户可能会了解到某个新的事实或新的联系，促使其进行一系列的全新搜索查询。

　　知识图谱的出现，给诸多社会科学问题提供了解决方案。比如说可通过用户的网站浏览行为、购买行为、用户画像、好友关系等特点，进行多维度的分析挖掘，进而实现资讯、商品和好友等各场景的个性化推荐；面对错综复杂的实时社交数据，知识图谱可以帮助用户搭建社交网络，建立直观的人物联系，并轻松实现多维度查询，提升效率；知识图谱可用于金融风控，常用于欺诈检测，通过用户的消费、贷款等行为检测，识别敏感用户，及时甄别欺诈风险，通过 ID 唯一性检查等方法，识别异常群体；知识图谱融合各类数据，图数据库可快速构建知识图谱，支持数据的海量存储及梳理，进而实现多维精准查询分析，同时增强数据的可描述性。

　　跨语言知识库，如 DBpedia、YAGO 和 ConceptNet[20]，正成为人工智能相关应用的重要知识来源。

　　DBpedia 是一个很特殊的语义网应用范例，它从 Wikipedia 的词条里撷取出结构化的资料，以强化维基百科的搜寻功能，并将其他资料集联结至维基百科。这样的语义化技术的介入，让维基百科的庞杂资讯有了许多创新而有趣的应用，如手机版本、地图整合、多面向搜寻、关系查询、文件分类与标注等。DBpedia 同时也是世界上最大的多领域知识本体之一，也是 Linked Data 的一部分，美国科技媒体 Read-WriteWeb 也将 DBpedia 选为 2009 年最佳的语义网应用服务。DBpedia 2014 版的资料集拥有超过 458 万种物件，包括 144.5 万人、73.5 万个地点、12.3 万张唱片、8.7 万部电影、1.9 万种电脑游戏、24.1 万个组织、25.1 万种物种和 0.6 万类疾病。其资料不仅被 BBC、路透社、纽约时报所采用，也是 Google、Yahoo 等搜寻引擎检索的对象。

YAGO 是由德国马普研究所研制的链接数据库，主要集成了 Wikipedia、WordNet 和 GeoNames 三个来源的数据。YAGO 将 WordNet 的词汇定义与 Wikipedia 的分类体系进行了融合集成，使得 YAGO 具有更加丰富的实体分类体系。YAGO 还考虑了时间和空间知识，为很多知识条目增加了时间和空间维度的属性描述。目前 YAGO 包含 1.2 亿条三元组知识，是 IBM Watson 的后端知识库之一。

ConceptNet 是一个语义网络，其中包含了大量计算机应该了解的关于这个世界的信息，这些信息有助于计算机做更好的搜索、回答问题以及理解人类的意图。它由一些代表概念的结点构成，这些概念以自然语言的单词或者短语形式表达，并且其中标示了这些概念的关系。

这些知识图谱在知识存储形式方面可以分为两类：（1）包含以三元组形式记录的实体和关系的单语知识；（2）与不同语言之间的单语知识相匹配的跨语言知识。然而在这些跨语言知识图谱中，非英语的知识很少。例如在维基百科的知识库中，不同语言的知识分布是高度不平衡的，维基百科中英语语料体量是汉语的 13 倍、是德语的 3.5 倍，DBpedia 仅包含 2% 的中文实例、属性和关系，YAGO 中收集了超过 12 亿的知识三元组，但是其中用中文表达的三元组不到 5%。与这些英语主导的跨语言知识库相反，百度百科、沪东百科等中文主导的知识库收集了超过 1100 万篇用中文撰写的文章[21]，与前者相反的是其中英语知识的存储量很少。

由于大多数开源知识图谱只包含英语概念和实例，汉语适中，很少有德语、印尼语等非英语的知识，同时由于各种语言语义组成规则不同，创建跨语言舆情分析与预警概念知识图谱存在着巨大挑战。在一些使用广泛的数据源中，由于非英语知识占比过低，现有的跨语言知识图谱相当不完整。跨语言知识库中不同语言知识体量不平衡的状况很常见，这将导致跨语言实体之间内在联系的不完整和缺失。所以，跨语言的知识融合便成为构建跨语言舆情分析与预警知识图谱的关键所在。

近年来，在跨语言知识图谱的研究方面，国内外研究者提出了 XLORE[22]，XLORE2[23]，WiKiCiKE[24]，ConceptNet5.5[25]，CLEQS[26]，DBpedia NIF[27]，EventKG[28]，Body – Mind – Language[29]，CrossOIE[30] 等架构。

XLORE 双语百科知识图谱，是从异构的跨语言在线百科中抽取结构化信息，并将其分享在网络上。XLore 是第一个大规模的中英文知识平衡的知识图谱。目前 XLore 包含 663740 个概念，56449 个属性和 10856042 个实例。这给构建任何双语言知识平衡的大规模知识图谱提供了一种新的方式。它拥有基于跨语言知识库的实体链接系统（Entity

Linking System）XLink，当用户输入一篇文本文档（如新闻、博客等），XLink 识别出文档中的实体并链接到 XLORE 相对应的实体上。实体链接将文本信息和知识库桥连接起来，为文本理解提供了外部知识，同时帮助读者理解有歧义的、生僻的实体，提高文本理解能力。XLORE 使用最前沿的自然语言处理、机器学习和深度学习方法从语义层面分析新闻数据，同时处理中英文新闻数据，并实现语义级跨语言内容聚合对齐。全新的事件—话题—实体新闻表示模型摆脱传统新闻平面式展示和阅读体验。千万级百科知识库 XLORE 为基础读者提供更为丰富的背景知识。此外，XLORE 还拥有知识表示学习平台 OpenKE。

CLEQS 是针对中英文知识图谱在实体规模和关系质量上存在很大差异的问题，提出的一个基于英文知识图谱 YAGO 构建的跨语言实体查询系统，即在英文知识图谱中查询对应中文实体。CLEQS 包含两个模块，实体消歧义模块和跨语言实体链接模块。实体消歧义模块依据中文查询实体和上下文信息，准确地将中文实体映射到中文维基百科中的无歧义词条，跨语言实体链接模块构造跨语言实体链接模型（RSVM），将中文维基百科与英文知识图谱中描述相同概念的实体进行链接，形成一个实体关系网。CLEQS 系统能够提供准确、高效的跨语言中文实体查询，还能够发现中英文知识图谱中未知的跨语言实体链接。

这些跨语言知识图谱提供基于分类的方法来规范语义规则，并通过概念标注、实体对齐的方法来增加跨语言知识链接[31]。通过表1的对比可知，这10种跨语言知识图谱均未能全面地兼顾数据来源、单词发现与关系挖掘的准确率、系统效率、输出类型等方面的指标。

与之对应的是，CLOpin 架构拥有多数据源的输入，通过引入分析专家工具集可以使概念知识图谱（Concept Knowledge Graph，CKG）、实例知识图谱（Instance Knowledge Graph，IKG）的准确性与完整性提高，同时将专家工具集与专业机器学习算法相结合以提升整个平台的执行效率，且最终输出为 CKG 和 IKG，这将有助于跨语言知识图谱（Cross-Lingual Knowledge Graph，CLKG）的构建。

表 1　多种跨语言知识图谱构架

平台名称	输入数据源	是否引入专家工具集与机器学习和深度学习方法相结合	输出
CLOpin	1. 从结构化实例转换的 RDF 数据（英语和非英语） 2. 非结构数据 3. 舆情分析专家先验知识	是	CKG、IKG
XLORE	非结构化数据	否	CKG、IKG
XLORE2	非结构化数据	否	CKG、IKG
WiKiCiKE	结构化数据	否	CKG
ConceptNet 5.5	结构化数据、非结构化数据及专家带来先验知识	否	CKG
CLEQS	YAGO2	否	CKG
DBpedia NIF	非结构化数据	否	A corpus
EventKG	结构化数据、非结构化数据	否	CKG
Body-Mind-Language	Europarl corpus	否	CKG
CrossOIE	结构化数据	否	A classifier

由于前文所述的大多数开源知识图谱只包含英文概念和实例，很少有中文、日文等语言的知识，同时由于各种语言语义组成规则不同，创建跨语言舆情分析与预警概念知识图谱存在着巨大挑战。在一些使用广泛的数据源中，如 Freebase 和 Wikipedia，其中包含的中文知识占比不足 5%，从而导致现有的跨语言舆情分析与预警的知识图谱相当不完整。所以，跨语言的知识融合便成为构建跨语言舆情分析与预警知识图谱的关键所在。

为填补各语言与英文知识体量之间的巨大差距，首先要做的应该是丰富非英语语言的概念以及增加跨语言知识链接，在此基础上将跨语言通用知识图谱的构建方法与舆情分析知识图谱的构建方法结合。除了常用的 AI 算法外，还使用有舆情分析专家参与的工具集来提高构建舆情分析与预警领域跨语言 FKG 的效率和准确率。

1. 知识图谱构建工具

现在已经有许多自动知识图谱构建工具可以供我们使用，这些工具可以处理海量数据，却无须人工参与到知识图谱的构建过程中，以下是一些典型的知识图谱构建工具，包括 RDR[32]、myDIG[33]、semTK[34]。

如表 2 所示，主流知识图谱构建工具中只有不到一半的工具在图谱构建过程中涉及人工参与。它们中任何一个工具都没有完全包含五个常用功能，即实体识别、关系抽取、实体对齐、Entity Relationship／RDF（Resource Description Framework）映射、人类参与。因此，使用这些工具构建高质量舆情分析与预警的图谱的结果较差。

表 2　知识图谱构建工具

名称	领域	数据源	实体识别	关系抽取	实体对齐	ER/RDF 映射	人类参与
RDR	medical	–	×	×	×	×	√
myDIG	general	csv JSON	√	√	×	×	×
semTK	general	csv...	×	×	×	√	×

（1）实体识别

实体识别是一种信息提取技术，用于从文本数据中获取人名、地名等实体数据。它是自然语言处理（Natural Language Processing，NLP）中一项非常基础的任务，是信息提取、问答系统、句法分析、机器翻译等众多 NLP 任务的重要基础工具。实体识别的准确度，决定了下游任务的效果，这是 NLP 中非常重要的一个基础问题。

常用的实体识别方法包括各种机器学习算法。早期很多效果较好的实体识别成果，都是出自 HMM 和 CRF 两个模型，它们很适合用来做序列标注问题。目前做实体识别比较主流的方法是采用 LSTM 作为特征抽取器，再接一个 CRF 层来作为输出层。CNN 虽然在长序列的特征提取上有弱势，但是 CNN 模型有并行能力，运算速度快的优势。膨胀卷积的引入使得 CNN 在 NER 任务中，能够兼顾运算速度和长序列的特征提取。由于 BERT 中蕴含了大量的通用知识，利用预训练好的 BERT 模型，再用少量的标注数据进行 FINETUNE，是一种快速的、效果良好的实体识别方法。

（2）自然语言处理

自然语言处理是一个涉及计算机科学、人工智能和语言学等多领域的交叉学科，它关注的是计算机和人类自然语言之间的相互作用，是计算机科学领域与人工智能领域中的一个重要方向。它研究能实现人与计算机之间用自然语言进行有效通信的各种理论和方法。自然语言处理是一门融语言学、计算机科学、数学于一体的科学。因此这一领域的研究将涉及自然语言，即人们日常使用的语言，它与语言学的研究有着密切的联系，但又有重要的区别。自然语言处理并不是一般地研究自然语言，而在于研制能有效地实现自然语言通信的计算机系统，特别是其中的软件系统。因而它是计算机科学的一部分。

（3）关系抽取（Relation Extraction）

关系抽取是信息抽取工作的一个重要环节。信息抽取是自然语言处理中的一项重要工作，用于从海量的非结构化的文本中抽取出有用的信息，并结构化成下游工作可用的格式。信息抽取又可分为实体抽取（或称命名实体识别），关系抽取以及事件抽取等。命名实体对应真实世界的实体，一般表现为一个词或一个短语，关系则刻画两个或多个命名实体的关系。关系抽取可分为全局关系抽取与提及关系抽取。全局关系抽取基于一个很大的语料库，抽取其中所有关系对，而提及关系抽取，则是判断一句话中一个实体对是否存在关系，存在哪种关系的工作。关系抽取分两步，一步是判断一个实体对是否有关系，另一步则是判断一个有关系的实体对之间的关系属于哪种。当然，这两步可变成一步，即把无关系当作关系的一种来进行多类别分类。

（4）实体对齐（Entity Alignment）

实体对齐旨在判断两个或者多个不同信息来源的实体是否为指向真实世界中同一个对象。如果多个实体表征同一个对象，那么则在这些实体之间构建对齐关系，同时对实体包含的信息进行融合和聚集。实体是客观存在并可相互区别的事物，包括具体的人、事、物、抽象的概念或联系，知识库中包含多种类别的实体。实体对齐可以在异构数据源知识库中找出属于现实世界中的同一实体，它的常用方法是利用实体的属性信息判定不同源实体是否可以进行对齐。这里的属性对齐旨在判断两个或多个属性是否可以表示同一个属性，把不同来源或名字不同但表征相同的属性进行信息融合，从而获得更丰富、更准确的信息。近来，针对跨知识图谱的实体对齐任务，研究者提出并改进了多种基于 Embedding 的模型。这些模型充分利用实体与实体之间的关系以得到实体之间的语义相似度，更关注于关系三元组（Relationship Triple）。

（5）机器学习

机器学习是一门多领域交叉学科，涵盖概率论知识、统计学知识、近似理论知识和复杂算法知识，它使用计算机作为工具并致力于真实、实时地模拟人类学习方式，并将现有内容进行知识结构划分来有效提高学习效率。它专门研究计算机怎样模拟或实现人类的学习行为，以获取新的知识或技能重新组织已有的知识结构，不断改善自身的性能。它是人工智能的核心，是使计算机具有智能的根本途径。

机器学习是一门人工智能的科学，该领域的主要研究对象是人工智能，特别是如何在经验学习中改善具体算法的性能。机器学习是对能通过经验自动改进的计算机算法的研究，并用数据或以往的经验来优化计算机程序的性能。传统机器学习的研究方向主要包括决策树、随机森林、人工神经网络、贝叶斯学习等方面的研究。大数据时代的到来，对数据的转换、数据的处理、数据的存储等带来了更好的技术支持，产业升级和新产业诞生形成了一种推动力量，让大数据能够针对可发现事物的程序进行自动规划，实现人类用户与计算机信息之间的协调。现有的许多机器学习方法是建立在内存理论基础上的，在大数据无法装载进计算机内存的情况下，无法进行诸多算法的处理，因此很多新的机器学习算法被提出来，以适应大数据处理的需要。大数据环境下的机器学习算法，依据一定的性能标准，对学习结果的重要程度可以予以忽视。采用分布式和并行计算的方式进行分治策略的实施，可以规避掉噪声数据和冗余带来的干扰，降低存储耗费，同时提高学习算法的运行效率。

2. 专家在舆情分析知识组织中的角色

在舆情分析预警领域，如何客观公正地分析可能引发舆情危机的事件是一个重要的问题，适时地加入舆情分析专家的先验知识是非常重要的，即人在分析的过程中扮演着很重要的角色[35]。但是，如果过程中涉及太多的专家工作，就需要大量的时间和精力，整个构建的效率将会降低。更糟糕的是，整个系统将不具备可扩展性，无法适应和扩展到其他新的舆论主题。因此，保证机器的自动性和高效性是解决问题的关键。

3. 舆情分析专家的参与作用

机器学习的自动方法在很多领域已经取得了不错的成果，由于基于机器学习的工具可以自动高效地处理海量的数据，所以受到了各个领域的青睐。但这些工具的缺点在于它们的无法解释性[36]。机器学习模型特别是深度学习模型，其内部结构和原则超出了人们的理解范围[37]。而且在舆情分析与预警领域，如何客观公正地分析可能引发舆情危机的事件是一个重要的问题，因为舆情分析与预警领域需要对新闻、报道、留言等内容进行分析，所以对时效性和公正性要求很高，而且还会涉及大量的跨语言的内容。因此，虽然机器在自动化知识图谱构建过程中很重要，但只靠机器进行全自动的分析是不够的，分析的过程中还需要加入舆情分析专家的先验知识。舆情分析专家在机器分析和决策时提供人为的干预和帮助，并将新的经验上传给分析系统。当案例解决后，机器的知识就会得到更新和丰富，并在将来自动分析时提供更准确的结果。

（三）大数据技术

从大数据的生命周期来看，大数据采集、大数据预处理、大数据存储、大数据分析和挖掘，共同组成了大数据生命周期里最为核心的技术。

1. 大数据的采集

大数据采集过程是通过 RFID 射频数据、传感器数据、社交网络交互数据及移动互联网数据等方式去获得各种类型的结构化、半结构化及非结构化的海量数据，是大数据知识服务模型的根本。大数据的采集工作，由于要面对实时出现的海量新增数据，所以要求具备分布式高速高可靠数据爬取或采集、高速数据全映像等大数据收集技术，高速数据解析、转换与装载等大数据整合技术，高效的质量评估模型并基于此实现数据质量保障技术。

大数据采集的方法主要包括数据库采集、网络数据采集，以及文件采集等几种方式。

数据库采集主要采用 Sqoop 和 ETL 等分布式的数据迁移工具。Sqoop 是一款开源的工具，主要用于在 Hadoop（Hive）与传统的数据库间进行数据的传递，可以将 MySQL、Oracle 等关系型数据库中的数据导进到 Hadoop 的 HDFS 中，也可以将 HDFS 的数据导进到关系型数据库中。Sqoop 对于某些 NoSQL 数据库也提供了连接器，类似于其他 ETL 工具，使用元数据模型来判断数据类型并在数据从数据源转移到 Hadoop 时确保类型安全的数据处理。Sqoop 专为大数据批量传输设计，能够分割数据集并创建 maptask 任务来处理每个区块。ETL（Extract – Transform – Load）用来描述将数据从来源端经过抽取（extract）、转换（transform）、加载（load）至目的端的过程，目的是将企业中的分散、零乱、标准不统一的数据整合到一起，为企业的决策提供分析依据，是商业智能项目重要的一个环节。除了数据迁移工具之外，大数据采集工作也可以基于传统的关系型数据库来完成，MySQL 和 Oracle 也依然充当着许多企业的数据存储方式。目前 Kettle 和 Talend 也常用于大数据集成任务，可实现 HDFS、HBase 和主流 NoSQL 数据库之间的数据同步和集成。

网络数据采集一般借助网络爬虫或网站公开 API，从网页获取非结构化或半结构化数据，并将其统一结构化为本地数据的数据采集方式。在各主流媒体网站中，每时每刻都有大量信息被产生、传播与评论，传统的基于小数据量的数据采集、清洗、存储服务难以满足大数据背景下的应用需求。因此，这个领域的研究者们根据其研究目标，提出了诸多网络数据采集模型。这些模型构建的基本原则，是从整体上设计一个满足垂直采集、统一全局数据视图及数据分片策略、负载动态均衡方法、多节点协同方法等要求的信息垂直采集模型。通过改进数据存放形式、数据布局方式等提高存储系统性能，以话题为中心对用户参与情况、热点话题关联情况等进行数据的组织与搜索。可以根据大数据环境下的信息生产和消费特点，对大数据环境下社交网络的舆情发展规律进行深入的研究，从而完成舆情信息垂直采集模型的构建。

文件采集包括实时文件采集和处理技术 Flume、基于 ELK 的日志采集和增量采集等。Flume 是 Cloudera 提供的一个高可用的，高可靠的，分布式的海量日志采集、聚合和传输的系统，Flume 支持在日志系统中定制各类数据发送方，用于收集数据，同时提供对数据进行简单处理，并写到各种数据接受方的能力。Flume 提供了从控制台、Thrift – RPC、文件、UNIX tail、syslog 日志系统，命令执行等数据源上收集数据的能力。Flume 不仅可以高效率地从多个网站服务器中收集日志信息并存入 HDFS/HBase 中，还可以将从多个服务器中获取的数据迅速地移交给 Hadoop 中。除了日志信息，Flume 也可以用来接入收集规模宏大的社交网络节点事件数据，如 facebook、twitter、淘宝等电商网站，同时还支持各种接入资源数据的类型以及接出数据类型，支持多路径流量，多管道接入流量，多管道接出流量，上下文路由等，且可以被水平扩展。

大数据采集模型的基本架构，一般分为大数据智能感知层和基础支撑层两个层次。大数据智能感知层主要包括数据传感体系、网络通信体系、传感适配体系、智能识别体系及软硬件资源接入系统，实现对结构化、半结构化、非结构化的海量数据的智能化识别、定位、跟踪、接入、传输、信号转换、监控、初步处理和管理等，主要采用的是大数据源的智能识别、感知、适配、传输、接入等技术。基础支撑层是提供大数据服务平台所需的虚拟服务器，结构化、半结构化及非结构化数据的数据库及物联网资源等基础支撑环境。主要采用的是分布式虚拟存储技术，大数据获取、存储、组织、分析和决策操作的可视化接口技术，大数据的网络传输与压缩技术，大数据隐私保护技术等。

通过以上分析可知，大数据采集是大数据预处理、大数据存储、大数据分析和挖掘等工作的基础。

2. 大数据预处理

大数据预处理指的是在进行数据分析之前，先对采集到的原始数据进行辨析、抽取、清洗、填补、平滑、合并、规格化、一致性检验等一系列操作，旨在提高数据质量，为后期分析工作奠定基础。数据预处理相当于是对纷繁复杂的海量数据价值的提炼，因获取的数据可能具有多种结构和类型，数据抽取过程可以将这些复杂的数据转化为单一的或者便于处理的构型，为后续的快速分析处理做好准备性工作。对于大数据，并不全是有价值的，有些数据并不是我们所关心的内容，而另一些数据则是完全错误的干扰项，因此要对数据通过过滤"去噪"从而提取出有效数据。

数据预处理的过程主要包括数据清理、数据集成、数据转换、数据规约四个部分。数据清理是指利用 ETL 等清洗工具，对有缺少感兴趣的属性的遗漏数据、数据中存在着错误或偏离期望值的噪声数据、不一致数据进行处理。数据集成是指将不同数据源中的数据，合并存放到统一数据库的存储方法，它着重解决三个问题，即模式匹配（Pattern Matching）、数据冗余（Data Redundancy）、数据值冲突检测与处理（Data Collision Detection and Processing）。模式匹配是指从一个数据集中寻找一个子集的过程；数据冗余是指相同数据存储在不同数据源中的现象；数据值冲突是指数据彼此之间的语义和数据值不一致的现象。数据转换是针对所抽取出来的数据中存在不一致的情况进行处理的过程，它同时包含了数据清洗的工作，即根据业务规则对异常数据进行清洗，以保证后续分析结果的准确性。数据规约是指在最大限度保持数据原貌的基础上，最大限度精简数据量，以得到较小数据集的操作，包括数据方聚集、维规约、数据压缩、数值规约、概念分层等。

3. 大数据的存储及管理技术

大数据存储是指以数据库的形式用存储器存储采集到的数据的过程，它包含三种典型路线。

一是基于 MPP 架构的新型数据库集群，它采用 Shared Nothing 架构，结合 MPP 架构的高效分布式计算模式，通过列存储、粗粒度索引等多项大数据处理技术，重点面向行业大数据所展开的数据存储方式。这种方式具有低成本、高性能、高扩展性等特点，在企业分析类应用领域有着广泛的应用。较之传统数据库，其基于 MPP 产品的 PB

级数据分析能力，有着显著的优越性，因此 MPP 数据库成为企业新一代数据仓库的最佳选择。二是基于 Hadoop 的技术扩展和封装，它是针对传统关系型数据库难以处理的数据和场景，如针对非结构化数据的存储和计算等，利用 Hadoop 开源优势及善于处理非结构、半结构化数据、复杂的 ETL 流程、复杂的数据挖掘和计算模型等相关特性，衍生出相关大数据技术的过程。伴随着技术进步，其应用场景也将逐步扩大，目前最为典型的应用场景是通过扩展和封装 Hadoop 来实现对互联网大数据存储、分析的支撑，其中涉及了几十种 NoSQL 技术。三是大数据一体机，这是一种专为大数据的分析处理而设计的软、硬件结合的产品，它由一组集成的服务器、存储设备、操作系统、数据库管理系统，以及为数据查询、处理、分析而预安装和优化的软件组成，具有良好的稳定性和纵向扩展性。

大数据存储是大数据管理的前提条件，大数据存储是用存储器把采集到的数据存储起来，建立相应的数据库，大数据管理则是在此基础上进行管理和调用，重点解决复杂结构化、半结构化和非结构化大数据的管理与处理技术，主要包括大数据的可存储、可表示、可处理、可靠性及有效传输等几个关键问题。因此大数据管理技术主要采用的是分布式文件系统（DFS）、能效优化的存储、计算融入存储、大数据的去冗余及高效低成本的大数据存储技术，分布式非关系型大数据管理与处理技术，异构数据的数据融合技术，数据组织技术，大数据建模技术，大数据索引技术，大数据移动、备份、复制等技术。同时，大数据的安全技术也是大数据管理技术的重点之一，包括数据销毁、透明加解密、分布式访问控制、数据审计等技术，隐私保护和推理控制、数据真伪识别和取证、数据持有完整性验证等技术。

4. 大数据的分析和挖掘技术

随着大数据时代的到来，在大数据观念不断提出的今天，通过对大数据的分析与挖掘来支撑与数据相关的应用，已成为大势所趋。大数据分析和挖掘技术可以帮助数据科学家更好地理解数据，根据数据挖掘的结果得出预测性决策。

大数据分析和挖掘就是从大量的、不完全的、有噪声的、模糊的、随机的实际应用数据中，提取隐含在其中的、人们事先不知道的、但又是潜在有用的信息和知识的过程。因此，大数据分析和挖掘技术的基本实现方法，就是通过改进已有数据挖掘和机器学习技术，实现数据网络挖掘、特异群组挖掘、图挖掘等新型数据挖掘技术，实现基于对象的数据连接、相似性连接等大数据融合技术，实现用户兴趣分析、网络行为分析、情感语义分析等面向领域的大数据分析和挖掘任务。

大数据的分析和挖掘工作，从可视化分析、数据挖掘算法、预测性分析、语义引擎、数据质量管理等方面出发，实现对杂乱无章的数据，进行萃取、提炼和分析的过程。可视化分析是指借助图形化手段，清晰并有效传达与沟通信息的分析手段。主要应用于海量数据关联分析，即借助可视化数据分析平台，对分散异构数据进行关联分析，并做出完整分析图表的过程。具有简单明了、清晰直观、易于接受的特点。数据挖掘算法是通过创建数据挖掘模型，对数据进行试探和计算，是数据分析的手段，也是大数据分析的理论核心。数据挖掘算法多种多样，且不同算法因基于不同的数据类型和格式，会呈现出不同的数据特点。但一般来讲，创建模型的过程却是相似的，即首先分析用户提供的数据，然后针对特定类型的模式和趋势进行查找，并用分析结果定义创建挖掘模型的最佳参数，并将这些参数应用于整个数据集，以提取可行模式和详细统计信息。预测性分析是大数据分析最重要的应用领域之一，通过结合多种高级分析功能，特别是统计分析、预测建模、数据挖掘、文本分析、实体分析、优化、实时评分、机器学习等，达到预测不确定事件的目的。帮助用户分析结构化和非结构化数据中的趋势、模式和关系，并运用这些指标来预测将来事件，为采取措施提供依据。语义引擎是指通过为已有数据添加语义的操作，提高用户互联网搜索体验。数据质量管理是指，通过对数据全生命周期中的计划、获取、存储、共享、维护、应用、消亡等阶段中，可能引发的各类数据质量问题进行的识别、度量、监控、预警等操作，以提高数据质量的一系列管理活动。

大数据分析和挖掘工作的主要过程是，首先根据分析挖掘目标，信息存储格式，从关系数据库、面向对象数据库、数据仓库、文本数据源、多媒体数据库、空间数据库、时态数据库、异质数据库以及 Internet 等地方把数据提取出来，然后经过 ETL 组织成适合分析挖掘算法使用宽表，利用数据挖掘软件进行挖掘，最后通过数据可视化、统计模式识别、数据描述等数据挖掘形式，实现预测性分析。如有研究者通过对微信内容与好友关系、微博内容与关注关系、博客内容与转引关系、新闻评论与赞否关系等社交网络虚拟关系的挖掘与整理，建立基于社交网络的舆情分析模型，以大数据分析和挖掘技术为依托，及时有效地获取有可能对舆情造成影响的非通用语言文字内容，预测其有可能造成的危害等级，使危害国家安全的意图在萌芽状态即被及时处理。以上过程一般包含四个环节。定义问题环节用于清晰地定义出业务问题,确定数据挖掘的目的。数据准备环节包括选择数据、在大型数据库和数据仓库目标中提取数据挖掘的目标数据集、数据预处理、进行数据再加工,包括检查数据的完整性及数据的一致性、去噪声,填补丢失的域,删除无效数据等。数据挖掘环节是根据数据功能的类型和数据的特点选择相应的算法,在净化和转换过的数据集上进行数据挖掘。结果分析环节则是对数据挖掘的结果进行解释和评价,转换成为最终能够被用户理解的知识。

传统的数据挖掘软件很难支持大数据的分析和挖掘工作,它们一般只能支持在单机上进行小规模数据处理,受此限制,传统数据分析挖掘一般会采用抽样方式来减少数据分析规模。大数据分析和数据挖掘的计算复杂度和灵活度远远超过传统数据处理模式的能力,一是由于数据挖掘问题的开放性,数据挖掘会涉及大量衍生变量计算,衍生变量多变导致数据预处理计算的复杂性;二是很多数据挖掘算法本身就比较复杂,计算量就很大,特别是大量机器学习算法,都是迭代计算,需要通过多次迭代来求最优解,如 K – means 聚类算法、PageRank 算法等。为此,研究者提出了诸多基于大数据环境的数据分析和挖掘的算法。根据挖掘任务可分为分类或预测模型发现、数据总结、聚类、关联规则发现、序列模式发现、依赖关系或依赖模型发现、异常和趋势发现等;根据挖掘对象可分为关系数据库、面向对象数据库、空间数据库、时态数据库、文本数据源、多媒体数据库、异质数据库等;根据挖掘方法可分为机器学习方法(Machine Learning)、统计方法(Statistics)、神经网络方法(Neural Network)和数据库方法(Database）等。常见方法简要总结如下。

直接数据挖掘法，其目标是利用可用的数据建立一个模型，这个模型对剩余的数据，对一个特定的变量，也就是数据库中表的属性，进行描述。

间接数据挖掘法，其目标中没有选出某一具体的变量用于模型进行描述，而是在所有的变量中建立起某种关系。

机器学习法可细分为归纳学习方法，如决策树法（Decision Tree）、规则归纳法（Rules Induction）、基于范例学习法（Case-based Learning）、遗传算法（Genetic Algorithm）等。决策树方法是一种基于决策树的数据挖掘方法，它是一种常用于预测模型的算法，通过对大量数据进行有目的分类，从中找到一些有价值的，潜在的信息。它的主要优点是描述简单，分类速度快，特别适合大规模的数据处理。规则归纳法是知识发掘领域中最常用的方法，这是一种由一连串的"如果……/则……（If/Then）"之逻辑规则对数据进行细分的技术，其中的关联规则是从大量案例中发现有联系的行为方式或其他规则。遗传算法是一种基于生物自然选择与遗传机理的随机搜索算法，是根据大自然中生物体进化规律而设计提出的。它是模拟达尔文生物进化论的自然选择和遗传学机理的生物进化过程的计算模型，是一种通过模拟自然进化过程搜索最优解的方法。该算法通过数学的方式，利用计算机仿真运算，将问题的求解过程转换成类似生物进化中的染色体基因的交叉、变异等过程。在求解较为复杂的组合优化问题时，相对一些常规的优化算法，通常能够较快地获得较好的优化结果。由于它是一种仿生全局优化方法，具有隐含并行性、易于和其他模型结合等性质，它在数据挖掘领域中被广泛应用。

统计方法可细分为回归分析，如多元回归、自回归等；判别分析，如贝叶斯判别、费歇尔判别、非参数判别等；聚类分析，如系统聚类、动态聚类等；探索性分析，如主元分析法、相关分析法等。统计分析方法在数据库字段项之间存在两种关系：函数关系和相关关系，对它们的分析可采用统计学方法，即利用统计学原理对数据库中的信息进行分析。可进行常用统计、回归分析、相关分析、差异分析等。

神经网络方法是一种模仿动物神经网络行为特征，从而进行分布式并行信息处理的算法数学模型。这种网络依靠系统的复杂程度，通过调整内部大量节点之间相互连接的关系，从而达到处理信息的目的。人工神经网络按其模型结构大体可以分为前馈型网络（如 BP 算法等）和反馈型网络两大类，前者在数学上可以看作是一类大规模的非线性映射系统，后者则是一类大规模的非线性动力学系统。此外，按照学习方式，人工神经网络可分为有监督学习、无监督学习和半监督学习三个类别；按照工作方式可分为确定性和随机性两类；按照时间特性可分为连续型或离散型两类。不论何种类型的人工神经网络，它们共同的特点都是大规模并行处理、分布式存储、弹性拓扑、高度冗余和非线性运算，因而具有很高的运算速度，很强的联想能力、适应性、容错能力和自组织能力。这些特点和能力构成了人工神经网络模拟智能活动的技术基础，并在广阔的领域得到了重要的应用。神经网络法具有良好的鲁棒性、自组织自适应性、并行处理、分布存储和高度容错等特性，因此非常适合用于解决数据挖掘的问题。

有监督学习是用已知某种或某些特性的样本作为训练集，以建立一个数学模型，如模式识别中的判别模型，人工神经网络法中的权重模型等，再用已建立的模型来预测未知样本的机器学习方法。在有监督学习中，训练数据由一组训练实例组成，每一个例子都由一个输入对象（通常是一个向量）和一个期望的输出值（也被称为监督信号）组成。使用有监督学习算法分析训练数据，将产生一个推断的功能，它可以用于映射新的例子。一个最佳的方案将允许该算法正确地在标签不可见的情况下确定类标签。最为广泛使用的有监督学习算法，包括支持向量机（Support Vector Machines）、线性回归（linear regression）、逻辑回归（logistic regression）、朴素贝叶斯（naive Bayes）、线性判别分析（linear discriminant analysis）、决策树（decision trees）、K-近邻（k-nearest neighbor algorithm）、Multilayer perceptron 等算法。

无监督学习是指在没有类别信息的情况下，通过对所研究对象的大量样本的数据进行分析，实现对样本分类的一种数据处理方法。在非监督学习中，数据并不会被特别标识，学习模型是为了推断出数据的一些内在结构而使用。非监督学习一般有两种思路。第一种思路是在指导 Agent 时不为其指定明确的分类，而是在成功时采用某种形式的激励制度。这类训练通常会被置于决策问题的框架里，因为它的目标不是产生一个分类系统，而是做出最大回报的决定，这类学习往往被称为强化学习。第二种思路称为聚合（Clustering），这类学习类型的目标不是让效用函数最大化，而是找到训练数据中的近似点，其常见的应用场景包括关联规则的学习及聚类等，常见算法包括 Apriori、K-Means、EM 等。实现无监督学习主要有两大类方法，基于概率密度函数估计的直接方法和基于样本间相似度的间接聚类方法，因此聚类分析是无监督学习的主要方法，它能从大量的数据集中找出有规律性的结果。

半监督学习（Semi‐Supervised Learning，SSL）是模式识别和机器学习领域研究的重点问题，是监督学习与无监督学习相结合的一种学习方法。半监督学习使用大量的未标记数据，以及同时使用标记数据来进行模式识别工作。在半监督学习中有三个常用的基本假设用来建立预测样例和学习目标之间的关系，即平滑假设（Smoothness Assumption）、聚类假设（Cluster Assumption）、流形假设（Manifold Assumption）。从本质上说，这三类假设是一致的，只是相互关注的重点不同，其中流形假设更具有普遍性。

数据库方法主要是多维数据分析或 OLAP 方法，面向属性的归纳方法等。

粗集方法是基于粗集理论而提出的一种研究不精确、不确定知识的数学工具。粗集方法的优点主要是，不需要给出额外信息，简化输入信息的表达空间，算法简单，易于操作。粗集处理的对象是类似二维关系表的信息表。

覆盖正例排斥反例方法是利用覆盖所有正例、排斥所有反例的思想来寻找规则。首先在正例集合中任选一个种子，到反例集合中逐个比较。与字段取值构成的选择子相容则舍去，相反则保留。按此思想循环所有正例种子，将得到正例的规则。

模糊集方法是利用模糊集合理论对实际问题进行模糊评判、模糊决策、模糊模式识别和模糊聚类分析。系统的复杂性越高，模糊性越强。一般模糊集合理论是用隶属度来刻画模糊事物的亦此亦彼性的。

当前，对于大数据分析和挖掘工作的主要研究热点方向包括以下五个方面。

（1）可视化分析

不论是分析专家，还是普通用户，在分析大数据时，最基本的要求就是对数据进行可视化分析。经过可视化分析后，大数据的特点可以直观地呈现出来，将单一的表格变为丰富多彩的图形模式，简单明了、清晰直观，更易于读者接受。数据可视化无论对于普通用户或是数据分析专家而言，都是最基本的功能。数据图像化可以让数据自己说话，让用户直观地感受到结果。

（2）数据挖掘算法

数据挖掘算法是根据数据创建数据挖掘模型的一组试探法和计算法。为了创建该模型，算法将首先分析用户提供的数据，针对特定类型的模式和趋势进行查找。使用分析结果定义用于创建挖掘模型的最佳参数，将这些参数应用于整个数据集，以便提取可行模式和详细统计信息。大数据分析的理论核心就是数据挖掘算法，数据挖掘的算法多种多样，不同的算法基于不同的数据类型和格式会呈现出数据所具备的不同特点。各类统计方法都能深入数据内部，挖掘出数据的价值。为特定的分析任务选择最佳算法极具挑战性，使用不同的算法执行同样的任务，会生成不同的结果，而某些算法还会对同一个问题生成多种类型的结果。图像化是将机器语言翻译给人看，而数据挖掘就是机器的母语。分割、集群、孤立点分析，还有各种各样五花八门的算法让我们精炼数据，挖掘价值。这些算法一定要能够应付大数据的量，同时还要具有很高的处理速度。

（3）预测性分析

大数据分析最重要的应用领域之一就是预测性分析，预测性分析结合了多种高级分析功能，包括特别统计分析、预测建模、数据挖掘、文本分析、实体分析、优化、实时评分、机器学习等，从纷繁的数据中挖掘出其特点，可以帮助我们了解目前状况以及确定下一步的行动方案，从依靠猜测进行决策转变为依靠预测进行决策。它也可以帮助分析用户的结构化和非结构化数据中的趋势、模式和关系，运用这些指标来洞察预测将来事件，并做出相应的措施。预测性分析可以让分析师根据图像化分析和数据挖掘的结果做出一些前瞻性判断。

（4）语义引擎

非结构化数据的多元化给数据分析带来新的挑战，我们需要一套工具系统地去分析，提炼数据。语义引擎是语义技术最直接的应用，可以将人们从烦琐的搜索条目中解放出来，让用户更快、更准确、更全面地获得所需信息，提高用户的互联网体验。语义引擎需要设计到有足够的人工智能以足以从数据中主动地提取信息。自然语言处理技术包括机器翻译、情感分析、舆情分析、智能输入、问答系统等。

机器翻译，又称为自动翻译，是利用计算机将一种自然语言（源语言）转换为另一种自然语言（目标语言）的过程。它是计算语言学的一个分支，是人工智能的终极目标之一。机器翻译技术的发展一直与计算机技术、信息论、语言学等学科的发展紧密相随。从早期的词典匹配，到词典结合语言学专家知识的规则翻译，再到基于语料库的统计机器翻译，随着计算机计算能力的提升和多语言信息的爆发式增长，机器翻译技术服务领域越来越广阔。机器翻译系统可划分为基于规则（Rule – Based）和基于语料库（Corpus – Based）两大类。前者由词典和规则库构成知识源；后者由经过划分并具有标注的语料库构成知识源，既不需要词典也不需要规则，以统计规律为主。机器翻译是随着语料库语言学的兴起而发展起来的，世界上绝大多数机器翻译系统都采用以规则为基础的策略，一般分为语法型、语义型、知识型和智能型。不同类型的机译系统由不同的成分构成。抽象地说，所有机器翻译系统的处理过程都包括以下步骤：对源语言的分析或理解，在语言的某一平面进行转换，按目标语言结构规则生成目标语言，它们之间的技术差别主要体现在转换平面上。

情感分析又称为意见挖掘、倾向性分析等，是对带有情感色彩的主观性文本进行分析、处理、归纳和推理的过程。在互联网上，诸如博客、微博、论坛，以及社会服务应用如大众点评等，产生了大量用户参与的，对于诸如人物、事件、产品等有价值的评论信息。这些评论信息包含了人们的各种情感色彩和情感倾向性，如喜、怒、哀、乐和批评、赞扬等。基于此，潜在的用户就可以通过浏览这些带有主观色彩的评论去了解大众舆论对于某一事件或产品的看法。情感分析的目的是找出作者在某些话题上，或者针对一个文本两极的观点的态度。这个态度或是其个人的判断、评估，或是其当时的情感状态、情绪状态，或是其有意向的情感交流。按照处理文本的粒度不同，情感分析大致可分为词语级、句子级、篇章级三个研究层次。篇章级的情感分类是指确定一个整体的情绪方向或者极性，即确定一篇文章传达的总体正面或负面的意见。句子级的情感分析离不开构成句子的词语的情感，其方法有三大类：基于知识库的分析方法、基于网络的分析方法、基于语料库的分析方法。在对文本信息中的句子进行具体的分析时会定义几种情感，如生气、憎恨、害怕、内疚、感兴趣、高兴、悲伤等，对句子标注其中一种情感类别及其强度值来实现对句子的情感分类。词语级的情感分类是句子或篇章级情感分析的基础。词语的情感分析方法主要可归纳为三类：基于词典的分析方法、基于网络的分析方法、基于语料库的分析方法。基于词典的分析方法利用词典中的近义、反义关系以及词典的结构层次，计算词语与正、负极性种子词汇之间的语义相似度，根据语义的远近对词语的情感进行分类。基于网络的分析方法利用网络搜索引擎获取查询的统计信息，计算词语与正、负极性种子词汇之间的语义关联度，从而对词语的情感进行分类。基于语料库的分析方法，运用机器学习的相关技术对词语的情感进行分类。机器学习的方法通常需要先找分类模型学习训练数据中的规律，然后用训练好的模型对测试数据进行预测。

　　舆情分析就是根据特定问题的需要，对针对这个问题的舆情进行深层次的思维加工和分析研究，得到相关结论的过程。首先，对舆情的分析要明确事件或话题本身所处的阶段，一般存在引发期、酝酿期、发生期、发展期、高潮期、处理期、平息期和反馈期等不同阶段。其次，应该在分析某一舆情热点之前对其进行科学的类型界定。热点事件一般主要分为突发自然灾害事件、生产安全事故、群体性事件、公共卫生事件、公权力形象、司法事件、经济民生事件、社会思潮、境外涉华突发事件等。舆情分析的目的，是通过对海量网络舆论信息进行实时的自动采集、分析、汇总、监视并识别其中的关键信息，从而及时通知到相关人员，保证第一时间应急响应负面信息。

问答系统是信息检索系统的一种高级形式，它能用准确、简洁的自然语言回答用户用自然语言提出的问题。其研究兴起的主要原因是人们对快速、准确地获取信息的需求。问答系统是人工智能和自然语言处理领域中一个备受关注并具有广泛发展前景的研究方向。从涉及的应用领域进行分类，可将问答系统分为限定域问答系统和开放域问答系统。限定域问答系统是指，系统所能处理的问题只限定于某个领域或者某个内容范围，比如，只限定于医学、化学或者某企业的业务领域等。由于系统要解决的问题限定于某个领域或者范围，因此，如果把系统所需要的全部领域知识都按照统一的方式表示成内部的结构化格式，那么回答问题时就能比较容易地产生答案。开放域问答系统不同于限定域问答系统，这类系统可回答的问题不限定于某个特定领域。在回答开放领域的问题时，需要具备一定的常识知识或者世界知识，并具有语义词典，如英文的 WordNet 等。

（5）数据质量和数据管理

大数据分析离不开数据质量和数据管理，高质量的数据和有效的数据管理无论是在学术研究还是在商业应用领域都极其重要，各个领域都需要保证分析结果的真实性和价值性。数据质量与管理是管理的最佳实践，透过标准化流程和机器对数据进行处理可以确保获得一个预设质量的分析结果。

针对非通用语言的情感分析、相关度计算、观点匹配等方面的大数据分析和挖掘工作，有研究者提出了一系列构建规范，从语言学角度分析并挖掘概念、语义、情感等在不同语言中的共性规则。通过基于词典的信息特征对应统计性排序，辅以基于并行语料库的模式来实现信息的识别、处理和相关度匹配，能够满足舆情分析的要求。

三、研究思路和主要研究内容

（一）研究思路

面对网络中舆情跨语言传播对现实社会安全所带来的挑战，本书在非通用语专家的指导下，以大数据采集存储理论，信息管理理论，情报实时分析处理理论，国际关系学、社会学、新闻传播学理论为依托，针对以微信、微博、博客、知名新闻网站的大众评论为代表的社交网络，提出基于领域专家指导下的信息垂直采集模型和非通用语种语料库标准化构建方法，并以此为基础，将跨语言舆情传播与控制方法研究的成果进行了充分的梳理。本书凝聚着作者多年来在非通用语信息处理方面的科研积累。

（二）研究内容

跨语言的舆情传播与控制方法研究，主要包括五个层面的问题。首先，需要形成完整的涉华信息获取与数据处理方法，建立领域专家指导下的信息垂直采集模型，并基于该模型提出满足社交网络舆情分析要求的非通用语种语料库的构建标准，以及基于社交网络的舆情分析模型。这里面包含"获、存、融、用"四个关键问题。"获"是指建立领域专家指导下的大数据信息实时采集模型；"存"是指构建基于 Hadoop 的分布式舆情信息存储方法；"融"是指任意非通用语种均可通过本课题提出的标准构建语料库，实现各个语种之间的无缝对接；"用"是基于前述成果建立基于社交网络的舆情分析模型。其次，需要提出一种高效的跨语言传播模型的构建方法。紧接着，需要设计一种跨语言知识图谱的生成方法。然后，讨论单语言和跨语言的情感分析方法。最后，给出基于区块链技术的舆情溯源模型，以便能够从源头上控制负面舆情的产生和传播。

1. 建立完整的舆情信息获取与数据处理方法

（1）建立领域专家指导下的信息垂直采集模型

在各大社交媒体网站中，每时每刻都有大量信息被产生、传播与评论，现有的存储服务难以满足将全部信息统一存储的应用需求。因此，需要提出一个新的舆情信息自动采集模型，在领域专家指导下，从整体上设计一个满足垂直采集、统一全局数据视图及数据分片策略、负载动态均衡方法、多节点协同方法等要求的信息垂直采集模型。在新的模型中，通过改进数据存放形式、数据布局方式等提高存储系统性能，特别关注以话题为中心的用户参与情况、热点话题关联情况等进行数据的组织与搜索。因此，本课题需要根据大数据环境下的信息生产和消费特点，对大数据环境下社交网络的舆情发展规律进行深入的研究，从而完成舆情信息垂直采集模型的构建。

本书选取了与中国关系密切，国家和民间交往频繁的六个国家作为研究对象，在六个对象国的主流网络媒体和社交网站上进行以对象国官方语言为目标的信息采集。来自北京外国语大学德语、日语、印尼语、马来语等通用语种和非通用语种的语言学专家，以及来自北京外国语大学和清华大学信息技术领域的专家汇集一堂，并肩协作，通过对每日互联网上产生的不同信息源，乃至不同语言源的最新海量信息的研究分析，设计了多套针对不同语言、不同网站的智能收集、快速获取、去重去伪的信息采集方法，并快速与该信息的背景资料进行有效整合的基础理论模型及其算法，也基于此找出了各大门户网站和社交媒体推动舆情产生、发展、消亡的规律，为后续开展大数据环境下跨语言舆情传播规律的研究提供足够的数据支持。为实现研究目标，9 位教师带领 5 届近 20 名学生，先后尝试了哈萨克语、乌尔都语、老挝语、缅甸语等十多个语种资源的采集工作。经过长达三年的资源采集与对比分析，发现其中大部分语种间跨语言信息流动趋势较弱，不适合做对比研究，最后只筛选出 6 种符合本书研究要求的语种。通过五年的探索和积累，共完成 100 余万条来自不同语种的文本资源的采集。经过数据清洗后，得到满足本书研究条件的有效信息 86 万余条，总存储量高达 6.38GB。其中包括德语新闻 34 万余条，马来语新闻 7 万余条，日语新闻 14 万余条，泰语新闻 10 万余条，印尼语新闻 13 万余条，越南语新闻 8 万余条。

（2）提出满足社交网络舆情分析要求的非通用语种语料库的构建标准

为有效拓展本课题成果的应用范围，使尽可能多的非通用语种的舆情分析工作被纳入本体系中，需要提出一个非通用语种语料库的构建标准，符合标准的语种将可以直接利用本书成果开展舆情分析工作。因此，在非通用语言的情感分析、相关度计算、观点匹配等方面提出了构建规范，从语言学角度分析并挖掘概念、语义、情感等在不同语言中的共性规则。在具体应用过程中，可以通过基于词典的信息特征对应统计性排序，辅以基于并行语料库的模式来实现信息的识别、处理和相关度匹配，从而满足舆情分析的要求。

（3）提出基于社交网络的舆情分析模型

通过对微信内容与好友关系、微博内容与关注关系、博客内容与转引关系、新闻评论与赞否关系等社交网络虚拟关系的挖掘与整理，建立基于社交网络的舆情分析模型。该模型将以大数据处理与分析技术为依托，及时有效地获取有可能对舆情带来影响的非通用语言文字内容，预测其有可能造成的危害等级，并在必要时进行舆情预警，使危害国家安全的意图在萌芽状态即被推送至情报部门，以便相关机构及时做出决策和响应。

2. 提出跨语言传播模型的构建方法

构建跨语言传播模型，可以实现在尽可能短的时间内发现跨语言的语意漂移现象。与同语言的信息传播规律有所不同的是，由于存在语言转换的现实要求，跨语言的信息传播在时间上有一定的滞后性，某种语言中的舆情并不会在短时间内在另一种语言中引起大范围的关注。从另一方面看，这就为舆情处置赢得了时间差。

在非通用语言人才严重短缺的情况下，人工实时对非通用语言信息进行处理和分析是不可能完成的任务。传统的分析方法往往无法在短时间内察觉一系列突发事件，也不可能在此基础上摸索出其产生、表达、传播、载体等方面的信息与规律。在这种环境下，更为严峻的舆论危机挑战出现在眼前。如何在复杂的网络环境中分析非通用语言话题，把握舆情传播方向和演变规律，预测危害等级从而及时预警，使得负面舆情早日趋向消退或消亡状态成为面临的重要问题之一。在大数据时代，利用信息技术实现对非通用语言及时而有效的分析，是为我国营造和谐稳定外部环境的迫切需求。

构建从通用语向非通用语进行跨语言信息传播的模型与舆情研究模型,可以及时发现网络上出现的以非通用语话题进行交流的有可能对我国国家安全造成危害的话题。

3. 提出跨语言知识图谱的生成方法

构建高质量的跨语言知识图谱,是提高舆情分析与预警质量和效率的重要环节。为此,作者在知识图谱生成方法方面,做了如下探索性工作。

知识图谱构建的质量在很大程度上会影响知识图谱提供的服务质量。现在自动构建知识图谱的方法已被广泛应用于许多领域。然而,知识图谱在舆情分析与预警领域的应用依旧面临着很多困难,原因有:(1)媒体新闻中概念、关系、事件的复杂和模糊性;(2)媒体描述标准不一致,源数据质量差;(3)不同语言媒体中新闻数据多元异构化严重,如中文的新华社和英文的路透社等;(4)舆情分析领域对时效性与相关背景知识的要求高,因此特定领域专家的先验知识十分重要。在构建过程中,需要来自舆情分析专家的大量关于舆情分析与预警的先验知识和人工参与。为此,本书引入了一个系统架构,该架构阐明了在何时何处引入舆情分析领域专家的工作,可以提高舆情分析与预警知识图谱构建的质量和效率。经试验验证,其在跨语言的环境中具有良好的表现。

此外,提出了一个端到端的平台 CLOpin,用来构建面向舆情分析与预警领域的大规模、跨语言的知识图谱,该平台具有四个方面的优势:(1)可对接不同类型数据源。通过融入从结构化实例转换的多语言的 RDF 数据、非英语的非结构化数据、舆情分析专家的先验知识等不同语种、不同来源的数据源，可以使新闻事件呈现更加丰满的背景和细节信息。（2）舆情预警更加及时与精准。由于引入了舆情专家工具集，提升了对同一则新闻材料不同语言表述的甄别以及跨语言知识融合的准确性，弥补了舆情分析专家先验知识缺乏的缺陷，跨语言融合的质量和效率得到提高。（3）集成了领域内的已有成果。将基于机器学习与深度学习的通用方法融入舆情专家工具集中，解决了单纯采用专家工具集工作量过大的问题，提升了整个系统的运行效率。（4）实现了多种类型输出。既可输出 CKG 和 IKG，又能基于它们构建 CLKG，后者是舆情分析与预警概念知识图和事实知识图的融合。由于 CLKG 中源数据的完备性，可以提供相似材料的识别服务来支持不同语言间的舆情分析与预警关键词共享，此知识图谱架构面向的应用更加广泛。

4. 提出单语言和跨语言的情感分析方法

基于单一语言的情感分析，是探索跨语言舆情传播过程中发生语意漂移现象的基础。所谓语意漂移，又称逆向传播行为，是指某一社会事件，从一种语言的新闻报道被另一种语言所转述时，针对该事件的感情倾向发生了改变，从正面变成了负面或者相反。

为了衡量某一事件在一种语言中的情感倾向性，需要在此单一语言中，通过情感词词典、停用词词典、否定词词典、程度副词词典等技术手段，对该事件所对应的每一篇新闻报道中所蕴含的情感进行计算，从而确定此对象国语言对该主题报道时所持有的情感态度，即事件情感值。如果相同事件在不同语言中的情感值差异超过阈值，就可以认为发生了语意漂移。

　　情感倾向分析意指用自然语言处理技术、文本挖掘技术及计算机语言学等知识，从主观文本等原始素材中识别和提取主观信息，并对这些主观信息所带有的感情色彩进行分析、处理、归纳和推理。本项研究使用了篇章级的文本情感倾向分析方法和主题事件级的情感倾向分析方法，它们分别应用于对单一新闻报道和主题事件进行情感计算。篇章级的情感倾向分析包括文本预处理、建立情感词典、建立程度副词词典、建立否定词词典、情感计算、权值选取、结果输出七个处理环节。主题事件级的情感倾向分析则包括新闻篇章分类、情感分析算法、话题提取、基于语言的算法选择与优化等处理环节。

　　相对于单一语言中的情感分析工作而言，跨语言的情感分析从问题的规模到解决问题的难度，都呈几何倍数程度的增长。这是因为，对不同的语种来说，相同的主题事件所引发的情绪反应有可能是大相径庭的，从而在不同语种内，舆情传播的速度、危害值、控制难度等都各不相同，相应的动力学模型也不相同。如对"新型冠状病毒是西方国家对中国人的基因武器"这样的舆情事件，不同语种受众的反应完全不一样，对于汉语圈的舆情来说，由于这是涉及每个人生死的问题，关注度必然极高，且控制难度极大。但是对于英语圈的舆情来说，有可能对其不以为然，甚至根本不会去关注这一舆情事件，更不会由于负面情绪的积累而造成危害。反之，对于"法国黄背心运动"这样的舆情事件，汉语内部的舆情反应平淡，最多从道义上对违法行为进行谴责。除了以上两个极端的舆情事件类型，随着世界一体化的发展，世界各国和地区之间相互依存、相互关联的关系使得蝴蝶效应愈发明显，某一个国家内部所发生的事件，其舆情产生跨国影响的可能性愈发突出，因此舆情管控者不但要关注本国内部的负面舆情控制策略，也要关注舆情的跨语言流动、发展、危害及其控制问题。

为讨论对负面舆情的传播控制方法，本书从单一语言内部和跨语言两个角度提出了相应的处理策略。对于单一语言的舆情控制，提出了突击式干预、实时性干预、意见领袖引导、复合式干预四种策略。对于跨语言的舆情控制，则根据舆情传播模型提出了相对应的舆情控制模型。由于涉及对不同群体中舆情态势的分别管控，跨语言负面舆情的控制策略在实施起来相对更复杂一些。由于各个国家的国情不同，政府间的友好关系、价值观、民众利益大相径庭，因此单一语言内部的舆情控制策略中效果明显的突击式干预和实时性干预的可操作性大打折扣。

在跨语言环境中，意见领袖引导方式相对来说更容易实施，只需要对极少数能够影响舆情和舆论走向的意见领袖做工作，即可起到事半功倍的效果。这一研究成果对中国创造良好的国际舆论环境，帮助中国更顺利地实施走出去战略，具有非常重要的指导意义。

5. 提出基于区块链技术的舆情溯源模型

基于区块链技术的舆情溯源模型的研究，可以对虚假舆情的创建者和传播者予以威慑，从而有效抑制虚假信息的产生和传播。

基于区块链技术研究复杂社交网络上舆情产生、发展、传播的特点及规律，并建立有效的溯源模型，是网络时代舆情治理的重要议题。互联网不是法外之地，无论是在单一语言内部的舆情传播还是跨语言的舆情传播，只有对负面舆情实现有效地追本溯源，才能对虚假舆情的创建者和传播者予以威慑，维护国家和民众的利益，维护风清气正的网络环境。

区块链技术作为去中心化的共享数据库，具有不可篡改、可溯源的特性，对有效控制虚假舆情的肆意传播，维护国家的安全稳定、企业的形象、个人的利益具有十分重要的意义。基于跨语言舆情溯源这一技术背景，通过区块链去中心化、不可篡改的特质，针对社交网络中舆情传播的规律和特点，构建了基于区块链技术的跨语言舆情溯源体系，其中包括四个主要研究内容，即基于复合链结构下的跨语言舆情溯源系统架构研究、基于共识机制的跨语言舆情溯源系统安全性与灵活性研究、基于智能合约的跨语言舆情溯源管理研究以及基于区块链的跨语言舆情溯源技术标准和规范研究。最终，通过完善的区块链技术体系实现对于不同语言舆情的通用化溯源体系构建。

综上所述，本书从多个维度对跨语言舆情传播的研究工作进行了拓展，相关成果对从事相关工作的科研工作者和专业人士有一定的借鉴意义。

四、研究方法与创新之处

（一）研究方法

本书主要采用查阅文献、专家访谈、专题组讨论、数值模拟、平台实测及对比、现场调查、案例研究等几种基本研究方法相结合进行研究。具体研究方法如图 2 所示。

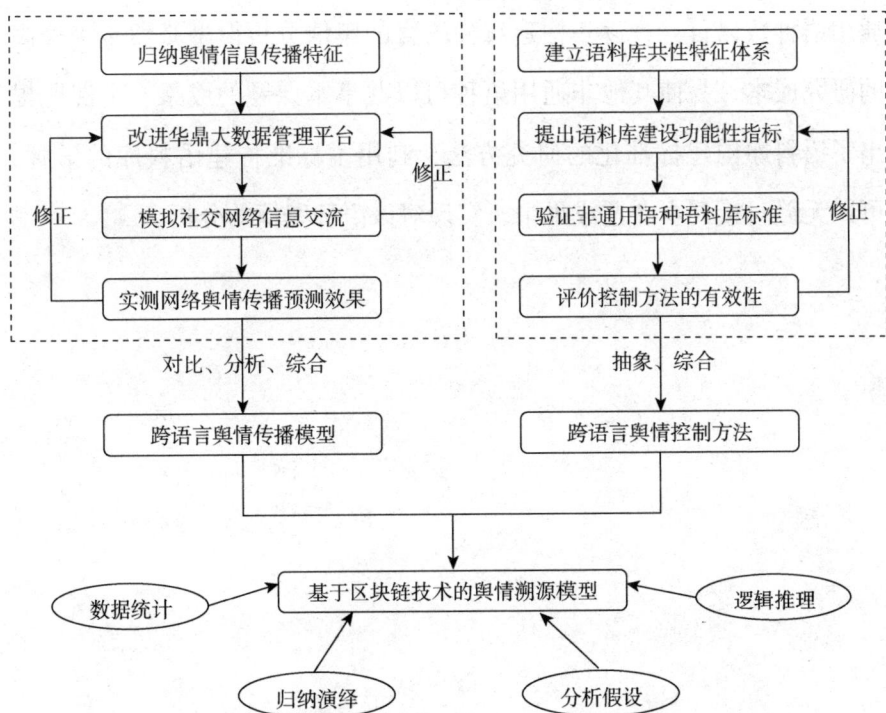

图 2 跨语言舆情传播与控制方法研究框架图

（二）创新之处

在学术思想和观点创新方面，提出了基于领域专家指导下的信息垂直采集的思想。社交网络中每时每刻都在产生着海量的交流信息，传统的手工和半手工的信息采集方法已经不能保障处在大数据时代中的我国国家安全。因此，本课题提出了在领域专家指导下开展舆情信息大数据自动过滤采集的观点，以期创建国家安全相关信息垂直采集模型。

在学术研究方法创新方面，提出了规范非通用语种语料库的构建标准，以提高舆情分析模型普适性的研究方法。由于有研究价值的非通用语种数以百计，逐一构建每种语言的舆情分析模型必然带来极高的研究成本。为使其他非通用语种可以共享本课题的成果，本课题提出了语料库构建标准化的研究方法，利用本标准构建语料库的语种，可以无缝对接到本课题成果中，实现对该语种舆情的分析。

第二章　舆情信息的获取与数据处理

　　跨语言的舆情传播规律的研究，需要建立在全面掌握与舆情事件相关信息的基础上。为此，首先研究了横跨多个语种的互联网信息的采集与存储方法，并以世界主要国家权威网站上的实时新闻为研究对象，将语言学、信息科学、图书情报学的研究成果进行交叉融合。

　　本章通过对每日互联网上产生的不同信息源，乃至不同语言源的最新海量新闻信息的研究分析，设计一套对新闻信息的智能收集、快速获取、去重去伪，并快速与该信息的背景资料进行有效整合的基础理论模型及其算法，从而找出实时新闻报道推动舆情产生、发展、消亡的规律，为后续开展大数据环境下跨语言舆情传播规律的研究提供足够的数据支持。

一、网络信息的自动采集策略

　　从互联网进行舆情数据采集，是开展情感分析的首要工作。本章的研究工作需要用到大量新闻数据，而常规的采用人工的方式在互联网上采集新闻数据，不但效率低下，容易出错，而且无法实现所需新闻的全覆盖采集。因此在实际工作中，收集海量新闻数据一般需要借助自动化采集技术来实现。

（一）网络爬虫的概念

网络爬虫是一种常用的互联网数据自动化采集技术，它的工作原理是模拟人在互联网络中查询信息的行为方式，从而实现对网络信息的自动获取。一般来说，操作者首先需要确定若干个信息源网站，然后给出该网站的主页或者网站某个子栏目的主页作为网络爬虫运行的种子 URL，紧接着以初始页面为基础启动网络爬虫的运行。网络爬虫运行后，首先，通过初始页面的 URL 读取该网页的所有信息，将该页面的题目、URL、版本时间、中文内容等信息存入数据库。其次，将该网页中的全部站内链接自动提取出来，其中为避免不同页面中含有相同的网页链接造成 URL 的重复获取，只将第一次提取出的链接追加到待访问 URL 队列的尾部，非第一次提取的 URL 则抛弃掉。完成对当前 URL 的操作后，再依次从待访问 URL 队列的头部选择下一个 URL 进行如上操作，如此循环往复，直到待访问 URL 队列为空，才说明目标网页均已采集完毕。

（二）采集策略的相关算法

为达到网络信息自动采集的目的，开发网络爬虫需要相关算法的支持。网络信息采集策略中广泛涉及的程序算法包括网页内容分析算法、PageRank 算法、深度优先算法、广度优先算法和最佳优先算法等。

1. 网页内容分析算法

基于网页内容的分析算法是指利用以文本、数据、多媒体等资源构建的网页内容的特征进行的网页评价。基于网页内容的分析算法包括文本检索方法，以及基于网页数据抽取、机器学习、数据挖掘、语义理解等多种方法的综合应用，大体上可以分为三类，第一类是以文本和超链接为主的无结构或结构简单的网页；第二类是从结构化的数据源动态生成的页面，其数据不能直接批量访问；第三类的数据界于第一类和第二类数据之间，具有较好的结构，显示遵循一定模式或风格，且可以直接访问。纯文本分类与聚类算法很大程度上借用了文本检索的技术，文本分析算法可以快速有效地对网页进行分类和聚类，但是由于忽略了网页间和网页内部的结构信息，很少单独使用。超文本分类和聚类算法则根据网页链接网页的相关类型对网页进行分类，依靠相关联的网页推测该网页的类型。

2. PageRank 算法

PageRank 是 Google 提出的一种网页排名技术，是一种搜索引擎根据网页之间相互的超链接计算的技术，而作为网页排名的要素之一。在搜索引擎优化操作中是经常被用来评估网页优化的成效因素之一。Google 用它来体现网页的相关性和重要性。

PageRank 通过网络浩瀚的超链接关系来确定一个页面的等级。Google 把从 A 页面到 B 页面的链接解释为 A 页面给 B 页面投票，根据投票来源，以及来源的来源，即链接到 A 页面的页面和投票目标的等级来决定新的等级。一个页面的"得票数"由所有链向它的页面的重要性来决定，到一个页面的超链接相当于对该页投一票。一个页面的

PageRank 是由所有链向它的页面的重要性经过递归算法得到的。一个有较多链入的页面会有较高的等级，相反，如果一个页面没有任何链入页面，那么它没有等级。同时，一个高等级的页面可以使其他低等级页面的等级提升。PageRank 近似于一个用户，是指在 Internet 上随机地单击链接将会到达特定网页的可能性。一般来说能够从更多地方到达的网页更为重要，具有更高的 PageRank。每个到其他网页的链接，都增加了该网页的 PageRank，具有较高 PageRank 的网页一般都是通过更多其他网页的链接而提高的。

3. 文本分类算法

文本分类算法是将采集到的网络信息，按照一定的分类体系或标准进行自动分类标记。它根据一个已经被标注的训练文档集合，找到文档特征和文档类别之间的关系模型，然后利用这种学习得到的关系模型对新的文档进行类别判断。文本分类算法的形式从基于知识的方法逐渐转变为基于统计和机器学习的方法。文本分类一般包括了文本的表达、分类器的选择与训练、分类结果的评价与反馈等过程，其中文本的表达又可细分为文本预处理、索引和统计、特征抽取等步骤。

文本分类中的常用算法，包括 k 最近邻分类算法、决策树、多层感知器、朴素贝叶斯算法（其中有伯努利贝叶斯、高斯贝叶斯和多项式贝叶斯三种算法）、逻辑回归和支持向量机等八种传统算法，随机森林、AdaBoost、lightGBM 和 xgBoost 四种集成学习算法，前馈神经网络和 LSTM 两种深度学习算法。下面介绍几种最常用的文本分类算法的思想。

K 最近邻分类算法的基本思路是，在给定新文本后，考虑在训练文本集中与该新文本距离最近（最相似）的 K 篇文本，根据这 K 篇文本所属的类别判断新文本所属的类别。

决策树是用样本的属性作为根节点，用属性的取值作为分支的树结构，它利用信息论原理对大量样本的属性进行分析和归纳。决策树的根节点是所有样本中信息量最大的属性。树的中间节点是以该节点为根的子树所包含的样本子集中信息量最大的属性，决策树的叶节点是样本的类别值。决策树用于对新样本的分类，即通过决策树对新样本属性值的测试，从树的根节点开始，按照样本属性的取值，逐渐沿着决策树向下，直到树的叶节点，该叶节点表示的类别就是新样本的类别。决策树方法是数据挖掘中非常有效的分类方法，它排除噪声的强大性以及学习反义表达的能力使其更适合于文本分类。

朴素贝叶斯算法的基本思路是计算文本属于类别的概率，文本属于类别的概率等于文本中每个词属于类别的概率的综合表达式。

支持向量机的基本实现思想是，通过某种事先选择的非线性影射把输入向量 X 映射到一个高维特征空间 Z，在这个空间中构造最优分类超平面。它采用输入向量的非线性变换，在特征空间中按照现行决策规则，在集合上按照正规超平面权值的模型构造一个结构，然后选择结构中最好的元素和这个元素中最好的函数，以达到最小化错误率的目标，实现结构风险最小化原则。

4. 聚类分析算法

聚类分析是研究分类问题的一种统计分析方法，同时也是数据挖掘的一个重要算法，它是由若干模式（Pattern）组成的，通常，模式是一个度量（Measurement）的向量，或者是多维空间中的一个点。聚类分析以相似性为基础，在一个聚类中的模式之间比不在同一聚类中的模式之间具有更多的相似性。

聚类分析算法可以分为划分法（Partitioning Methods）、层次法（Hierarchical Methods）、基于密度的方法（Density – Based Methods）、基于网格的方法（Grid – Based Methods）、基于模型的方法（Model – Based Methods）。

划分法通过给定一个有 N 个元组或者记录的数据集，分裂法将构造 K 个分组，每一个分组就代表一个聚类。对于给定的 K，算法首先给出一个初始的分组方法，以后通过反复迭代的方法改变分组，使得每一次改进之后的分组方案都较前一次好。一个好的划分的一般标准是，同一个簇中的对象尽可能相互接近或相关，而不同的簇中的对象尽可能远离或不同。使用这个基本思想的算法有 K – MEANS 算法、K – MEDOIDS 算法、CLARANS 算法等。

层次法对给定的数据集进行层次似的分解，直到某种条件满足为止。具体又可分为"自底向上"和"自顶向下"两种方案。在"自底向上"方案中，初始时每一个数据记录都组成一个单独的组，在接下来的迭代中，它把那些相互邻近的组合并成一个组，直到所有的记录组成一个分组或者某个条件满足为止。层次聚类方法可以是基于距离的或基于密度或连通性的。层次聚类方法的一些扩展也考虑了子空间聚类。层次方法的缺陷在于，一旦一个步骤完成，它就不能被撤销。这个严格规定是有用的，因为不用担心不同选择的组合数目，产生较小的计算开销。然而这种技术不能更正错误的决定。代表算法有 BIRCH 算法、CURE 算法、CHAMELEON 算法等。

基于密度方法的指导思想是，只要一个区域中的点的密度大过某个阈值，就把它加到与之相近的聚类中去。与其他方法的一个根本区别是：它不是基于各种各样的距离的，而是基于密度的。这样就能克服基于距离的算法只能发现"类圆形"的聚类的缺点。代表算法有DBSCAN算法、OPTICS算法、DENCLUE算法等。

基于网格的方法首先将数据空间划分成有限个单元的网格结构，所有的处理都是以单个的单元为对象的，它的优点是处理速度很快，通常与目标数据库中记录的个数无关，只与把数据空间分为多少个单元有关。代表算法有 STING 算法、CLIQUE 算法、WAVE – CLUSTER算法。

基于模型的方法给每一个聚类假定一个模型，然后寻找能够很好地满足这个模型的数据集。这样一个模型可能是数据点在空间中的密度分布函数或者其他指标。它的一个潜在的假定是，目标数据集是由一系列的概率分布所决定的。通常有两种尝试方向，统计的方案和神经网络的方案。

5. 深度优先搜索算法

深度优先搜索算法属于图的搜索算法之一，其过程是对每一个可能的分支路径深入到不能再深入为止，而且每个节点只能访问一次。深度优先搜索是早期网络爬虫开发中使用较多的算法。它的目的是要达到被搜索结构的叶结点，即那些不包含任何超链的 HTML 文件。在一个 HTML 文件中，当一个超链被选择后，被链接的 HTML 文件将执行深度优先搜索，即在搜索其余的超链结果之前必须先完整地搜索单独的一条链。深度优先搜索沿着 HTML 文件上的超链走到不能再深入为止，然后返回到某一个 HTML 文件，再继续选择该 HTML 文件中的其他超链。当不再有其他超链可选择时，说明搜索已经结束。

6. 广度优先搜索算法

广度优先搜索算法也属于图的搜索算法之一，算法自始至终一直通过已找到和未找到顶点之间的边界向外扩展。在实现的过程中，该算法首先搜索和 S 距离为 K 的所有顶点，然后再搜索和 S 距离为"K+l"的其他顶点。该算法是很多重要的图的算法的原型，Dijkstra 单源最短路径算法和 Prim 最小生成树算法都采用了和广度优先搜索类似的思想。它属于一种盲目搜寻法，目的是系统地展开并检查图中的所有节点，以找寻结果。它并不考虑结果的可能位置，而是彻底地搜索整张图，直到找到结果为止。

（三）网络信息采集策略的实现

根据网络信息自动化采集策略的不同，网页的抓取策略可以分为深度优先、广度优先和最佳优先三种。深度优先在很多情况下会导致爬虫的陷入问题，目前常见的是广度优先和最佳优先方法。

广度优先搜索策略是指在抓取过程中，在完成当前层次的搜索后，才进行下一层次的搜索。该算法的设计和实现相对简单，有助于快速获取与当前新闻相关的其他新闻报道。目前为覆盖尽可能多的网页，一般使用广度优先搜索方法。也有很多研究将广度优先搜索策略应用于聚焦爬虫中。其基本思想是认为与初始 URL 在一定链接距离内的网页具有主题相关性的概率很大。另外一种方法是将广度优先搜索与网页过滤技术结合使用，先用广度优先策略抓取网页，再将其中无关的网页过滤掉。这些方法的缺点在于，随着抓取网页的增多，大量的无关网页将被下载并过滤，算法的效率将变低。

最佳优先搜索策略按照一定的网页内容分析算法，预测候选 URL 与目标网页的相似度，或与主题的相关性，并选取评价最好的一个或几个 URL 进行抓取，它只访问经过网页内容分析算法预测为"有用"的网页。但存在的一个问题是，在爬虫抓取路径上的很多相关网页可能被忽略，因为最佳优先策略是一种局部最优搜索算法。因此需要将最佳优先结合具体的应用进行改进，以跳出局部最优点。

深度优先搜索策略从起始网页开始，选择一个 URL 进入，分析这个网页中的 URL，选择一个再进入。如此一个链接一个链接地抓取下去，直到处理完一条路线之后再处理下一条路线。深度优先策略设计较为简单，有助于快速获取与当前新闻相关的历史背景资料。然而门户网站提供的链接往往最具价值，PageRank 也很高，但每深入一层，网页价值和 PageRank 都会相应地有所下降。这暗示了重要网页通常距离种子较近，而过度深入抓取到的网页却价值很低。同时，这种策略抓取深度直接影响着抓取命中率以及抓取效率，对抓取深度的控制是该种策略的关键。相对于其他两种策略而言，此种策略很少被使用。

一般来说，对于实时性要求低，信息采集目的为扩展领域背景知识的网络爬虫，适于采用深度优先的爬取策略。而用于对网络舆情进行实时监控，需要第一时间获取最新发布的网络信息为主要任务的网络爬虫，更适合采用广度优先的爬取策略。

二、网络爬虫的设计与信息存储

目前主流爬虫设计语言包括 Java、C＋＋、C、Python 等，其程序设计的框架并无本质的差别，一般根据不同的设计需求选择更合适的程序设计语言。如针对需要爬取的信息只存在于少量页面中，对爬取效率要求不高，对实时性也无特别的需求的设计需求，这几种程序设计语言均适合。但如果爬虫是面对大规模网站爬取，涉及分布式爬取、多线程并发、I/O 机制等诸多问题时，针对不同需求各种程序设计语言则有各自的优势。由于 Python 语言既支持面向过程也支持面向对象，具有大量的适用于网络操作的函数库，功能强大且适合初学者快速学习和使用，因此目前越来越多的程序员使用 Python 作为网络爬虫的设计语言。

在网络爬虫的系统框架中，主过程由控制器，解析器，资源库三部分组成。控制器的主要工作是负责给多线程中的各个爬虫线程分配工作任务。解析器的主要工作是下载网页，进行页面的处理，主要是将一些 JS 脚本标签、CSS 代码内容、空格字符、HTML 标签等内容处理掉，爬虫的基本工作由解析器完成。资源库是用来存放下载的网页资源，一般都采用大型的数据库存储，如 Oracle 数据库，并对其建立索引。控制器是网络爬虫的中央控制器，它主要是负责根据系统传过来的 URL 链接，分配一线程，然后启动线程调用爬虫爬取网页。解析器是网络爬虫核心工作内容的主要部分，其具有如下功能：下载网页的功能，过滤功能，抽取特殊 HTML 标签的功能，分析数据功能。资源库主要是用来存储网页中下载下来的数据记录的容器，并提供生成索引的目标源。

一般来说，世界主流网络媒体中与舆情研究有关的新闻信息数以百万计，所以在设计网络爬虫时，需要使用大数据处理框架以支撑海量数据的应用环境。爬虫的设计可以分为 3 个模块：网页下载模块、URL 管理模块和网页解析模块。网页下载模块根据待访问 URL 队列，将目标网页的源码下载保存；URL 管理模块用于将当前正在处理的页面中所包含的待访问网页 URL 进行提取并保存；页面解析模块对下载下来的网页源码进行解析，从中提取具有价值的信息内容。

网络爬虫的实现流程一般包括以下 5 个步骤。

1. 确定目标网站的种子 URL；

2. 调用网页下载模块爬取 URL 对应网页的 HTML 代码，并完整地保存至本地数据库；

3. 调用 URL 管理模块提取网页中所包含的未存储过的 URL，并保存至本地 URL 数据库；

4. 调用数据解析模块解析网页源代码，查找目标标签，提取标签内数据，与数据库里已有数据进行初步查重，若无重复，保存至数据库；

5. 如果本地 URL 数据库中仍有未爬取的网页，则重复循环 2 至 4 步。

当前世界主流网络媒体的网页类型大致可以分为两种形式，静态页面和动态页面，其爬取的难度存在差异。一般来说，对于静态页面，页面加载完成时，数据可以直接从网页源码中获取；而动态页面的数

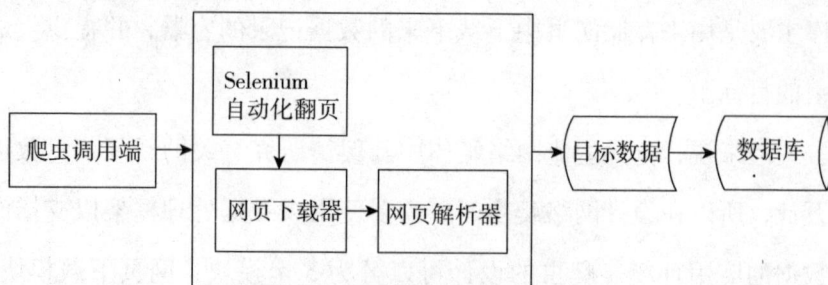

图 3　网络爬虫的流程

据有时需要与服务端交互才能获取到，如部分网站的网页在向下方滚动时，该网页会在浏览位置接近底部时自动扩展。在使用 Python 设计网络爬虫时，针对静态页面，可以使用 urllib2 库的 request 方法来获取页面源码。在处理动态页面时，可以运用 selenium 技术模拟用户操作行为，如点击、下拉等，进而实现数据的异步加载。在实际爬取过程中，可以使用 Chromedriver 使模拟操作可视化，便于观察爬虫运行情况。

在获取网页代码后，需要对网页代码进行解析，从而提取有用信息。从网页源代码提取信息的方法一般有两种：正则表达式匹配提取和标签匹配提取。正则表达式匹配提取法效率高，但是相对不够稳定，所以一般会使用 BeautifulSoup4 模块对网页代码进行解析，进而通过标签匹配来提取信息。

信息从网页中提取出来后，需要利用有效的存储手段加以保存。信息存储一般采用文件系统存储和数据库存储两种常用的模式，两者各有其特点。使用文件系统存储信息，能够把信息组织成一个个相互独立的数据文件，实现信息内部的结构性，但文件集群的整体上无结构；而数据库系统存储的信息，可以实现整体数据的结构化，这是数据库系统存储与文件系统存储的本质区别。同时，数据库系统存储的方式可以实现更高的共享度，多用户或程序可以在同一时刻共享同一新闻数据。此外，使用文件系统存储的信息数据冗余度大，浪费存储空间，容易造成数据的不一致；而在数据库系统存储的模式中，由于数据是面向整个系统的，数据可以被多个用户、多个应用共享使用，因此可以有效地减少数据冗余。

在本研究中，我们采用了关系型数据库管理系统 MySQL 来存储爬虫爬取的网络信息，利用 pymysql 模块实现 Python 编程操作数据库。根据研究需要，每个新闻网站单独建立一个数据库，且具有统一的存储模式，主要存储所爬取新闻网页中的 6 种类型数据，即标题（title）、时间（time）、来源（source）、发布者（author）、新闻内容（news）、标签（tags）。此外，添加字段 id 为新闻编号，以方便统计和操作数据，并保存每条信息的原始 URL，方便数据清洗时补缺遗失信息。

三、原始数据的加工与处理

完成数据采集的过程后，接下来要进入到对原始数据进行加工与处理的环节。由于网络中的数据情况复杂，经常夹杂着偏离期望值的错误或者异常数据，这些数据会对未来的数据分析带来干扰，被称为噪声数据。

简单地说，噪声数据就是数据中存在着错误、异常、偏离期望值的数据，这些数据对数据的分析造成了干扰。凡是包含所有难以被机器正确理解和翻译的数据，如非结构化文本等，以及任何不可被源程序读取和运用的数据，不管是已经接收、存储的还是改变的，都被称为噪声。噪声数据的具体表现形式包括数据不完整、数据冗余、数据冲突和数据错误等，它们来源复杂，有可能是硬件故障、软件故障、输入错误、编程错误或者语音识别、光学识别错误等原因引起。

噪声数据未必增加存储空间量，它可能会影响对数据分析的结果。很多算法，特别是线性算法，都是通过迭代来获取最优解的，如果数据中含有大量的噪声数据，将会大大地影响数据的收敛速度，甚至对于训练生成模型的准确也会有很大的副作用。

数据清洗是处理数据噪声的有效技术手段，常用的方法包括联机处理分析、数据挖掘等。它清洗可以识别并纠正数据中的噪声，降低噪声对数据分析结果的影响。从目前的研究成果来看，数据清洗大体上可以分为 2 个步骤，即数据噪声检测与数据噪声消除，这 2 个步骤对于 4 种噪声类型分别有不同的算法实现，如表 4 所示。

表 4　数据噪声的类型及检测方法

噪声类型	噪声定义	检测方法
数据缺失	数据库实例中某些属性值缺失或包含无效属性	①对于缺失数据，可直接检查不允许为空的属性值是否为空，"NULL" 或者 "N/A" ②对于无效值的检测可参考 DiMac 系统和 FAHES 系统
数据冗余	同一数据在数据库实例中多次出现，即存在数据之间的重复	包含 3 个步骤： ①数据分组　②数据比对　③冗余判断：基于相似度函数算法、基于规则的算法、基于机器学习的算法、人机结合的算法

噪声类型	噪声定义	检测方法
数据冲突	无法满足完整性约束的两条数据之间存在数据冲突	从干净数据集中学习完整性约束，以检测数据中的数据冲突
数据报错	数据库实例中某些不为空的属性值是错误的，如属性域错误、拼写错误、格式错误等	①基于完整性约束的错误检测：频率、整体错误检测技术、基于极大独立集的错误检测技术 ②基于规则的错误检测：编辑规则、修复规则、Sherlock 规则、探测规则 ③基于统计和机器学习的错误检测 ④由用户指出数据集中的错误

本研究所采集的数据主要存在 2 种类型的数据噪声，即数据冗余和数据缺失。数据冗余是指同一站点内出现 2 篇或 2 篇以上标题和内容一模一样的新闻。出现这种情况的原因，一是同一新闻在同一站点内不同板块都进行了报道，二是新闻编辑在不同时间多次发表同一报道。在本研究中，若 2 篇新闻的内容雷同度超过 80%，则标记其为冗余的新闻数据。数据缺失是指一条记录的一个或多个属性值缺失的现象，如下图中第 1 条记录的 5 个属性中均无有效的数据值。

title	time	source	news	url	tags
				http://www.baidu.co	
#创联东盟经济发展高	2018/07/14	来源:东盟产业文化	原标题:#创联东盟经济发展高	http://www.baidu.co	
#科普# 你了解泰国吗	2017/12/20	来源:潮州恒大城	原标题:#科普# 你了解泰国吗?-	http://www.baidu.co	泰国/曼谷
(视频) 2016中国-东盟	2018/10/28	来源:龙狮在线	原标题:(视频) 2016中国-东盟	http://www.baidu.co	
10 年用心扎根, 中国-	2018/06/19	来源:东博社	原标题:10 年用心扎根, 中国-印	http://www.baidu.co	成功学/一带一路

图 4　数据缺失

对于数据库中的 7 个属性（title，time，source，author，news，url，tags）来说，其中重要属性有 title，time，news，它们在后期的数据分

析中不可或缺。通过对数据的观察发现以下规则：

1. 为数据库建立关系模式（id, title, time, source, author, news, url, tags）；

2. 当 news 为 None 或"'N/A'"时，抛弃数据；

3. 当 news 存在, title 为 None 或"'N/A'"时，暂时设置 title 为"'N/A'＋id"（因为逐渐不能重复），后期手动输入 url 补全信息；

4. 当 title, news 同时存在，其他信息为 None 时，缺失信息补全为"'N/A'"；

5. 将清洗后的数据存储到关系表中。

四、信息的存储与访问

通过选定舆情信息来源网站设计爬虫，爬取新闻网站的舆情相关数据，清洗采集的数据结果等一系列流程，共获得有效的印度尼西亚语数据 129499 条，马来西亚语新闻数据 44184 条，德语新闻数据 254423 条，越南语新闻数据 102000 条，日语新闻数据 15000 条。

五、本章小结

以上加工处理后的数据，满足实验数据应用条件，是研究的数据基础，本书的研究工作基于以上数据展开。

第三章　基于 GBDT 算法的跨语言传播模型

随着互联网在全球的普及，敏感信息已经非常容易跨越语言的藩篱，在不同国家间迅速传播，对受众国的舆情影响日益突出。本章构造了一个基于社交媒体的跨语言信息传播模型，该模型以亚洲三个非通用语国家官方语言在社交媒体中所撰写的博文为研究对象，考虑了不同类型受众及其行为对舆情传播的影响力，以及引发的舆情传播规模，并利用对数曲线预测法和机器学习中的集成学习算法——GBDT算法来预测舆情传播的危害等级。仿真结果表明：随着取样点数量的增加，对数曲线预测法可以较为准确地预测舆情传播的危害等级，与真实值的差距逐渐缩小。危害等级变化趋势也表明，在 3 小时之内，信息传播规模与危害等级均呈爆炸式增长，在实际应用中若在 3 小时内增加取样点，会使得预测结果更加准确。

一、问题的提出

我国是世界上拥有邻国最多的国家，总计拥有 20 个大陆邻国和海洋邻国。由于历史、文化、政治、宗教等方面的原因，邻里关系错综复杂。为维护我国负责任大国的国际形象，保障"一带一路"倡议的稳步推进，有必要对沿线邻国的舆情做到有效掌握，尤其是对涉华舆情进行重点关注。对舆情进行关注与走势预判，一方面可以帮助中国在走出去战略的实施过程中可以做到知己知彼，更好地融入当地的民俗风情，铺垫良好的营商环境；另一方面可以帮助中国政府及时发现负面舆情，采取措施消除误解，避免以讹传讹，防止多米诺骨牌效应，防微杜渐，避免反华排华的政治事件重演。一般来说，主流社交媒体由于受众广泛，民众参与度高，因此它们在本地舆情的引导和推动中起着核心作用。同时，信息在不同语种间的流动规律也值得关注。主流社交媒体拥有各种语言的用户，用户间相互交流，对突发事件的传播有很强的辐射力，因此，主流社交媒体上的资讯信息是舆情研究关注的重点。

在中国的诸多邻国中，大多数民众都使用所在国的官方语言在社交媒体上发布资讯。除个别国家外，大部分国家的官方语言属于非通用语种。然而目前中国从事舆情研究的部门和团队，由于外语人才储备的局限，基本上只能处理汉语、英语等通用语种的资讯，进行跨语言信息传播方面研究者更非常有限。与网络中同语言的信息传播规律有所不同的是，由于存在语言转换的现实要求，跨语言的信息传播在时间上有一定的滞后性，某种语言中的舆情并不会在短时间内在另一种语言中引起大范围的关注，这就为舆情处置赢得了时间差。

在非通用语言人才严重短缺的情况下，实现人工实时对非通用语言信息进行处理和分析是不可完成的任务。传统的分析方法往往无法在短时间内察觉一系列突发事件，也不可能在此基础上摸索其产生、表达、传播、载体等方面的信息与规律。在这种环境下，面临着更为严峻的舆论危机挑战。如何在复杂的网络环境中分析非通用语言话题，把握舆情传播方向和演变规律，预测危害等级从而及时预警，使得负面舆情早日趋向消退或消亡状态成为面临的重要问题之一。在大数据时代，利用信息技术实现对非通用语言及时而有效的分析，是为我国营造和谐稳定外部环境的迫切需求。

本章以社交媒体中使用印度尼西亚语、马来西亚语、越南语三个亚洲非通用语编写的博文为研究对象，构建从通用语向非通用语进行跨语言信息传播的模型与舆情研究模型。并分析在社交媒体上出现的以非通用语话题进行交流的博文对我国国家安全的危害性，以适时做出安全预警。

二、跨语言信息传播模型构建

为研究跨语言的网络信息传播模型，选取 Facebook 和 Twitter 上使用英语、印度尼西亚语、马来西亚语和越南语发布的博文作为研究对象，观察使用英语进行首发报道的突发新闻事件，在何时由何人以何种方式传播到以上三个非通用语的语言环境中，并观察在对象国家中产生的影响和传播情况。

在语言学专家的指导下，先后找到了超过 30 万条满足以上要求的博文，以及它们所附属的相关信息，如博文作者、撰写语种、发表时间、引用来源、阅读次数、转发关系、评价内容、点赞数量等。一般来说，博文信息的阅读量、评论量、点赞量越大，说明该信息传播越广泛，引起的舆论反响越大。如果在传播过程中出现了被具备跨语言能力的用户转引的情况，说明信息形成了跨语言的传播网络。其中，具备跨语言能力的用户的判断规则为，在该用户本人发表或转引的博文中，某一语言的博文数量占比超过20%，即认为其具备该语种的驾驭能力，若存在至少两种语言符合以上要求，则认为该用户具备跨语言能力。

（一）跨语言传播影响力因素

文献［5］中提到，社交网络中的信息传播与中心节点有密切的关系。中心节点是 SNS 网络中的高度数节点，节点度数越大，代表用户的影响力越大，该信息被转发的次数越多，评论数和点赞数也越多，其发布的信息会被更多的人浏览和阅读。其次，节点度数大，说明他本身具有较高的知名度和较强的社会影响力，其他用户更容易接收该用户的信息，更倾向于认可、评论、点赞或者转发与他相关的操作，从而促进了信息的扩散。那么，中心节点的存在会加快信息在网络中的传播速度。

张赛等人[38]通过对社交媒体网站中大量数据的测量、统计和分析，也得到类似的结论：微博评论具有很强的"权威效应"，发表的言论的热度和传播规模与粉丝数呈正相关。在实际生活中，用户的粉丝数达到一定数量时，该用户可以称之为"意见领袖"，他们构成了信息网络的中心节点。往往意见领袖发表的观点言论能够在网络中迅速传播，若一些不正当言论出现在中心节点处的话，那么由于中心节点的影响力，该言论一定会在短时间内造成较大的社会影响。所以，中心节点的影响力因素是预测危害等级的一个指标。

能够对信息跨语言传播产生影响的中心节点，一定是具备跨语言能力的用户，因此只考虑这部分用户的影响力因素，主要包括四个方面：节点度数、多语言应用能力、相关言论密度、信息在不同语言间的相关性。在社交网站中，节点度数就是用户的粉丝量，可以直接获得；多语言应用能力通过对用户发布的博文进行衡量；相关言论密度衡量用户发表或传播有关言论的主动性，取值可以通过测量用户发布相关主题的信息与用户发布的信息总数的比值获得；信息相关性使用跨语言知识图谱来衡量映射关系。这四个因素是不同的方面，因此可假设这四个因素是相互独立的。影响力因素的特征值可由以上四个方面的乘积计算得到，表示为 n_1，权重设为 d_1。

（二）舆情跨语言传播规模

对于舆情传播的规模分析，在大部分社交网站中，言论信息传播规模主要包括传播的广度，即该信息被多少人浏览、收藏、点赞、转发，有多少人评论。浏览、收藏、点赞、转发、评论，这五种方式都会提高话题热度，从而扩大言论传播的范围，增强影响力。但是浏览量和收藏量不像其他三种方式一样直观，所以只考虑后三种指标。

话题传播的规模可以从博文的点赞量、转发量、评论量这几个指标进行分析：

（1）点赞量 n_2。点赞量反映了用户对该言论的喜爱和支持，但是相对来说程度较轻，该行为较为随意。权重设为 d_2。

（2）评论量 n_3。用户对信息进行评论说明其对该信息感兴趣，但是具体的态度却不能一概而论，一些用户持赞同态度，也有一部分用户持反对或中立态度。但是看法不同的用户发表的评论却可以激发更广泛的讨论，促进信息的传播和扩散。越多人评论，信息越会受到人们的关注。权重设为 d_3。

（3）转发量 n_4。转发行为相对来说是最可以表明用户态度的指标。只有用户认真浏览了微博内容，并对该话题有自己的看法后，才会产生转发行为。权重设为 d_4。

（三）危害等级的预测

前文中分析得到的影响力因素、舆情传播规模都对网络中舆情传播的危害等级有着很大的影响。粗略来讲，危害等级的预测一定与影响力因素和舆情传播规模成正相关。又由于微博中信息传播的特点，传播规模随着时间的变化只能扩大或不变，而不能缩小。所以根据各时间段已知的影响力因素和舆情传播规模各特征值，可以采用简单的对数曲线预测这种方法，表示出结果之间的某种内在联系或者规律。这是较为简单的一种方法。

除此以外，也可以采用机器学习中的集成学习算法——梯度提升决策树 GBDT[39]。GBDT 是一种迭代的决策树算法，可用作回归预测。若针对某一言论的危害等级进行预测，则对影响力因素与传播规模进行提取，获取某个话题或言论发布后 3 小时、6 小时、12 小时、24 小时的具体数值，作为预测时必需的数据特征。从发布信息 3 小时起，获取影响力因素和舆情传播规模，将特征输入预测模型中，预测得到

6 小时时的危害等级；当发布 6 小时后，获取此时间的影响力因素和舆情传播规模，输入特征值，得到 12 小时时的危害等级。以此类推，可以得到任意时刻的危害等级预测。

GBDT 算法描述如下。

输入：训练数据集 T ，最大迭代次数 M ，损失函数 $L(y, f(x))$

输出：强学习器 $f(x)$

初始化弱学习器 $f_0(x) = \arg\min_k \sum_{i=1}^{N} L(y_i, k)$

For $m = 1, 2, \ldots, M$

For $i = 1, 2, \ldots, N$ ，计算负梯度

$$r_{mi} = -\left[\frac{\partial L(y_i, f(x_i))}{\partial f(x_i)}\right]_{f(x) = f_{m-1}(x)}$$

利用 $(x_i, r_{mi})(i = 1, 2, \ldots, M)$ 拟合回归树，第 m 个回归树对应的叶节点区域 $R_{mj}(j = 1, 2, \ldots J)$

对叶子区域计算最优拟合值：

$$k_{mj} = \arg\min_k \sum_{x_i \in R_{mj}} L(y_i, f_{m-1}(x_i) + k)$$

更新强学习器：

$$f_m(x) = f_{m-1}(x) + \sum_{j=1}^{J} k_{mj} I(x \in R_{mj})$$

得到最终的强学习器 $f(x)$ ：

$$f(x) = f_M(x) = f_0(x) + \sum_{m=1}^{M} \sum_{j=1}^{J} k_{mj} I(x \in R_{mj})$$

三、仿真实验及结果描述

为了方便起见，本节的仿真实验研究建立在已采集的三个语种的 30 万博文语料的基础上。具体针对"英国 29 人货车案"新闻事件的相关信息在不同语种间传播的特征为研究案例，以探索舆情传播的规律。Facebook 平台上于 2019 年 10 月 23 日上午 10：30 出现了与"英国 29 人货车案"新闻事件相关的信息。对此，采用简单的对数曲线预测法进行危害等级预测。

收发信息的用户的节点度数为 294000，相关言论密度可以由本日用户发布相关主题的信息与用户发布的信息总数的比值近似获得，经计算为 0.4。那么影响力因素可近似经二者的乘积计算得到的 11760。

表5　24 小时内微博信息相关特征值

时间	影响力因素	点赞量	评论量	转发量
10.23 10：30	11760	0	0	0
10.23 13：30	11760	1712	501	257
10.23 16：30	11760	2090	585	314
10.23 22：30	11760	2351	650	333
10.24 10：30	11760	2419	683	338

表 5 是 24 小时之内"英国 29 人货车案"发表的微博信息在特定时间点的影响力因素和传播规模的特征值。根据已知时间点对应的各特征值，取定各特征值的权重为 $d_1 : d_2 : d_3 : d_4 = 2 : 1 : 3 : 4$。

以简单对数曲线预测法进行回归分析得到各个时间段的危害等级

预测值，并将其与真实值进行对比。

表 6 微博信息的危害等级预测与真实值的对比

时间	预测值	真实值
10. 23 10：30	0	0
10. 23 13：30	0	2776. 3
10. 23 16：30	5572. 6	2862. 1
10. 23 22：30	3165. 9	2915. 3
10. 24 10：30	2990. 3	2934

表 6 得到了"英国 29 人货车案"相关信息在 3 小时、6 小时、12
小时的危害等级预测与真实值的对比。

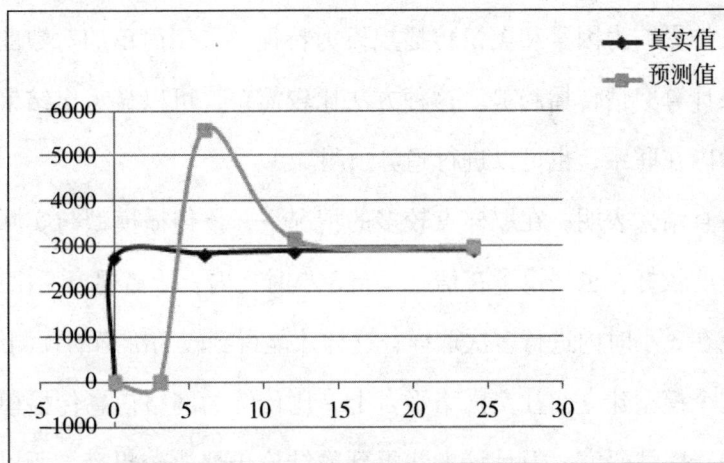

图 5 预测值与真实值的变化趋势

从图 5 中可以看出，在 12 小时以前，预测值与真实值差距较大，
这是由于 12 小时之前的取样点太少。在 12 小时以后，预测值在不断
地接近真实值且吻合程度较好，这说明取样点越多，预测值将越准确。

同时，在图中也可以看出，在 3 小时以前，传播规模扩大得极其迅速，在 3 小时以后，信息传播规模仍在扩大，但速度变得缓慢。这也符合现如今网络平台信息更迭快和即时性的特点。所以在 3 小时之前，应该进行多次采样，这样才能保证得到的预测值更加准确。

四、本章小结

随着网络的发展，传统的舆情传播研究已经不再适应现如今的跨语言网络信息传播模式研究。本章以亚洲三个非通用语国家的主流社交媒体的博文为研究对象，提出了跨语言舆情传播模型。该模型以用户个人的影响力因素和舆情传播规模为特征，采用简单的对数曲线预测法来计算舆情传播趋势。这种方法比较简单，可以显示出结果之间的某种内在联系，也可以进行趋势预测。

仿真结果表明，在取样点较多的情况下，该传播模型与实际情况吻合程度较好，也揭示了在信息发布 3 小时之内，传播规模变化迅速，所以应在 3 小时内进行多次取样，这样才能得到较为准确的预测结果。

这个模型建立在社交网络平台上，比传统的网络信息传播模型更加适用于舆情研究。但是该方法得到的结论仍然比较粗糙，所以可以利用梯度决策提升树 GBDT 来进一步精确预测结果。

第四章　融入专家知识的舆情分析
知识图谱架构研究

知识图谱构建的质量在很大程度上会影响知识图谱提供的服务质量。现在自动构建知识图谱的方法已被广泛应用于许多领域。然而，知识图谱在舆情分析与预警领域的应用依旧面临着很多困难，原因有：（1）媒体新闻中概念、关系、事件的复杂和模糊性；（2）媒体描述标准不一致，源数据质量差；（3）不同语言媒体中新闻数据多元异构化严重，如中文的新华社和英文的路透社等；（4）舆情分析领域对时效性与相关背景知识的要求高，因此特定领域专家的先验知识十分重要。在构建过程中，需要来自舆情分析专家的大量关于舆情分析与预警的先验知识和人工参与。为此，本书引入了一个系统架构，该架构阐明了在何时何处引入舆情分析领域专家的工作，可以提高舆情分析与预警知识图谱构建的质量和效率。

一、问题的提出

知识图谱拥有将不同来源的信息和知识融合在一起的作用。在近些年的研究中，许多知识图谱，不管是通用的还是面向特定领域的，都在大数据和人工智能领域发挥出了很大的作用，并且成为相关领域的宝贵资源，有的图谱被构建并用于分析电商产品数据[40]，有的图谱用于研究宋代历史名人的师承关系[41]，还有的图谱甚至被用于构建科技大数据知识发现平台[42]。Google 于 2012 年提出了自己的知识图谱，用于提升搜索引擎的服务质量，在这之后知识图谱成为研究热点，出现了各种各样的知识图谱，比如，国外的 Freebase、Wikipedia、DBpedia 和 YAGO2 等，国内的也有 CN - DBpedia、百度的"知心"等。

在舆情分析与预警领域，知识图谱是一个非常有用的工具，可以支持舆情危机预测、应对方法推荐等服务。知识图谱的服务质量在很大程度上取决于知识的质量。很多知识图谱的构建[43,44]采用了全自动化的方法，没有任何人工参与，数据主要来自互联网。尽管这些全自动方法可以节省舆情分析专家的时间和精力，但是当涉及舆情分析与预警领域知识图谱的构建时，由于以下原因，它们的表现不尽如人意：

1. 舆情分析与预警中的概念、关系、事件是复杂而模糊的；

2. 舆情分析领域的源数据质量差，不同的媒体描述事件标准不一致；

3. 舆情分析领域对时效性与相关背景要求高，特定领域专家的先验知识十分重要。

因此，完全自动构建知识图谱的一般方法不能直接应用于舆情分析与预警领域。为提高图谱质量，在构建过程中加入一些舆情分析专家的先验知识是非常必要的。而如果构建过程中涉及太多舆情分析专家的工作，则需要专家投入大量的时间和精力，整个构建过程的效率将降低[45]。更糟糕的是，整个系统将不具备可扩展性，无法适应和扩展到其他新的舆情分析与预警主题。因此，舆情分析专家介入与自动化构建方法之间的平衡非常重要，但目前此类研究成果非常有限。

为此，本章将设计一个系统架构，用以揭示在舆情分析与预警领域知识图谱的构建过程中有哪些环节，以及在什么时机需要引入舆情分析专家的工作。其自动化的方法可以帮助专家节省时间和精力；而来自专家的舆情分析与预警领域的先验知识可以弥补自动图谱构建方法的不足。这种方式，可以提高知识图谱构建的效率和质量。

二、架构和工作流

（一）融入专家知识的舆情分析知识图谱架构

在这一部分中，将基于现有的知识图谱架构来介绍舆情分析与预警知识图谱的整体架构和工作流程，如图 6 所示。

如图 6 所示，可构建舆情分析与预警知识图谱的系统应包括以下部分：

（1）不同领域的舆情分析专家，这是整个构建过程中最重要的部分；

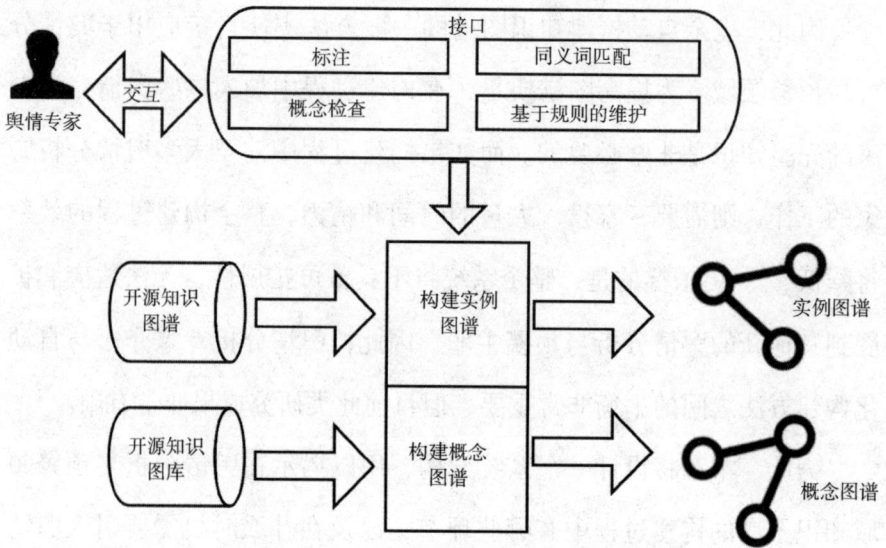

图6 融入专家知识的舆情分析知识图谱架构

（2）专家可以与整个系统交互的一组界面；

（3）数据来源，包括现有的舆情知识库和各类开源知识图谱；

（4）概念图和实例图构造工具。

在图谱的构建过程中，舆情分析专家应能够与系统互动。因此，应该为舆情分析专家提供一套接口。通过这种方式，舆情分析专家可以将他们在舆情分析与预警领域的专业经验和知识"注入"到构建系统中以影响知识图谱的构建。同时，如果只靠手动的方法构建知识图谱，会耗费大量时间且容易出错，所以需要一组用于构建舆情分析知识图谱的自动化工具。通过以上接口，系统可将舆情分析专家的知识与自动构建方法有效结合。

（二）融入专家知识的舆情分析知识图谱构建工作流

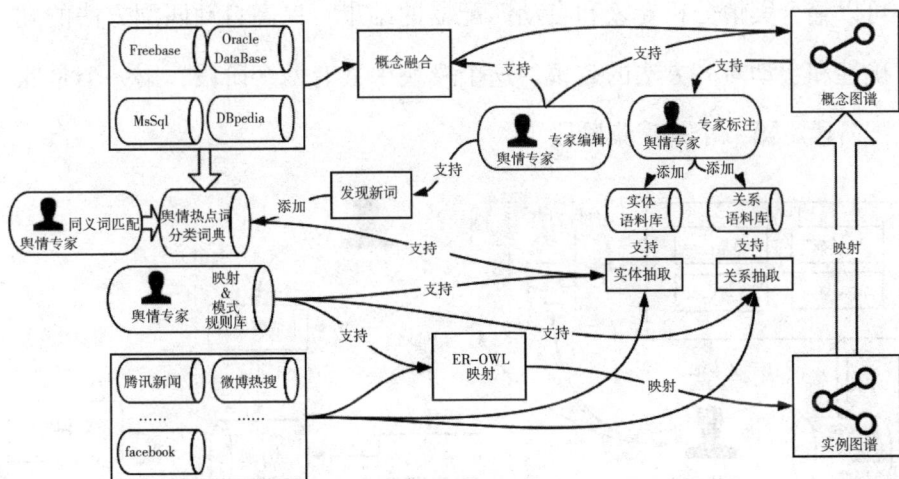

图7 应用专家先验知识的舆情分析知识图谱构建工作流

图7详细显示了系统的工作流程。在该系统中，舆情分析专家需要参与四个方面：

（1）同义词匹配融合和概念对齐；

（2）舆情分析专家对新词发现和新概念选择进行编辑；

（3）舆情分析专家标注实体和开源知识图谱的关系提取；

（4）建立规则库，包含实体和关系提取的映射规则和模式。

三、构建过程

（一）同义词对齐模块

知识图谱的重要数据来源是现有的舆情分析与预警的开源知识库。这些宝贵的信息必须得到充分利用，所以要想办法将含义相同的不同概念和关系对齐并融合。本书提出了一个同义词模块，这个模块可以整合舆情分析专家和自动匹配器的结果，提高自动匹配方法的准确性和手动对齐方法的效率。这个模块中共有两个阶段，第一个是匹配阶段，第二个是聚集阶段。

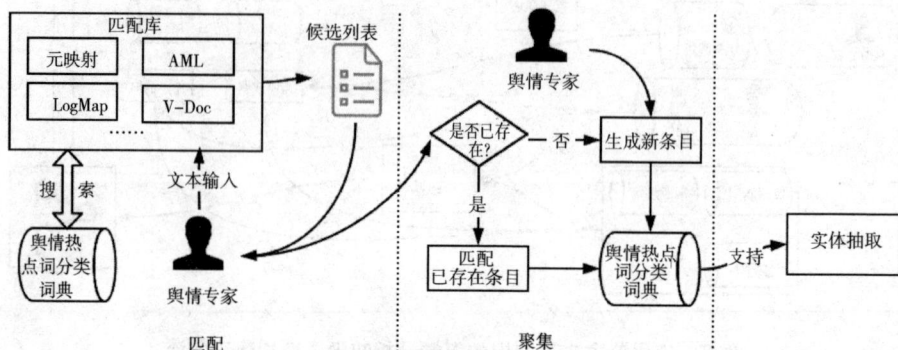

图 8　同义词匹配模块的工作流

这个模块是在语料库级别上工作的，且可以跨数据源操作。舆情分析专家可以在模块中手动输入新单词或短语，然后将输入的文本传递到匹配器库（一组不同的匹配器）上进行处理。匹配库将会返回给舆情分析专家一个包含着同义词的候选列表，列表中的词均为输入文本的可能同义词。候选名单大约包含 10 个项目，大大减小了专家的搜索范围和工作量。以此为基础，舆情分析专家通过自己分析，最终决定列表中的项目是否是输入文本的同义词。如果列表中的项目经过分析之后，有与输入文本同义的项目，则舆情分析专家可将这些词与最匹配的现有项目之一对齐。如果没有同义的项目，舆情分析专家可创建一个新节点，把新输入的文本作为新词集成到语料库中。这些存储在同义词库中的单词可以用来支持实体提取。

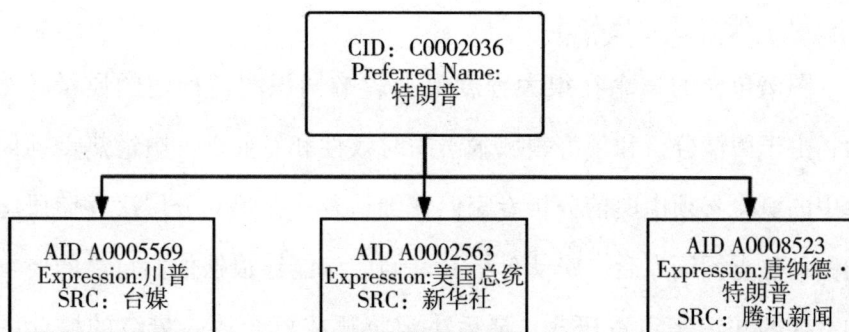

图 9　概念结构的层级

有很多单词和短语，虽然来自不同数据源，且具有不同的拼写方式，但含义是相同的。同义词对齐模块的关键就是把这些单词和短语有效地组织起来。为了达成这一目的，本书引入了一个层次结构表达方式，给每个不同的概念（具有独特含义的词和短语）分配一个唯一的概念身份 CID（Concept Identification）。一个概念可能有许多表达形式，但只有一个表达形式是首选，这个首选的表达形式就是该概念的默认表示形式。对于拼写不同或者数据源不同，但与该概念等价的其他表达形式，则为其分配一个唯一的原子标识 AID（Atomic Identification）。因此，AID 是对应 CID 的子节点。

（二）概念编辑模块

与在语料库级别上工作的同义词匹配模块不同，概念编辑模块在概念级别上工作，并且可以向舆情分析专家提供在概念图上操作的接口。这个概念编辑模块主要为舆情分析专家提供两类功能：概念选择与对齐；新词发现。

（1）概念选择与对齐

图谱包含的概念在很大程度上会影响知识图谱构建的质量。然而，由于舆情分析和预警领域术语的时效性和专业性，舆情热点词词库中的概念必须由舆情分析专家们仔细检查。在建立分层次存储概念的舆情热点词词库后，舆情分析专家们应该能够根据他们自己的要求和掌握的知识来审查概念，最后决定将哪些概念放入最终的概念图谱中。

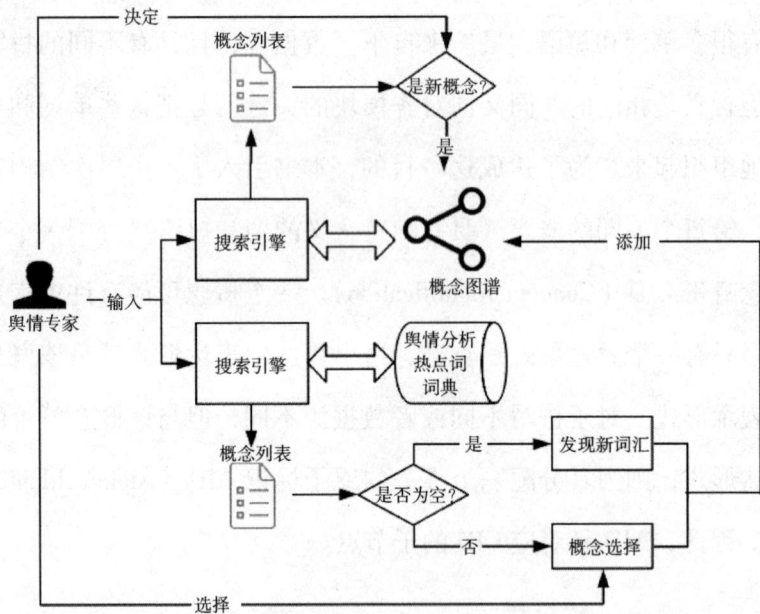

图10 概念选择对齐模块的工作流

本模块在功能上类似于同义词匹配模块，不同之处在于它在概念知识图谱级别上进行。舆情分析专家在将舆情热点词词库中的新概念添加到概念图谱时，可通过输入文本的方式来完成，同时输入的字符串会被传入到舆情热点词词库中，并被上传到概念图谱的搜索引擎中。舆情热点词词库上的搜索引擎将返回与专家输入字符串相对应的概念列表。参考输入字符串所对应的概念之后，概念图谱上的搜索引擎将从图谱中返回与输入的概念相似的概念列表。舆情分析专家不必手动搜索整个词库中的大量概念，只需要快速检查搜索引擎提供的概念列表。通过对比，舆情分析专家可判定新输入的字符串是否为新概念。如果不是，专家可从与输入字符串相对应的概念列表中选择一项，并将其添加到概念图谱中。如果舆情热点词词库上的搜索引擎没有返回与输入字符串对应的项目，那么专家将使用下面介绍的新单词发现功能来完成。

（2）新单词发现

尽管目前已经拥有了一个比较丰富的舆情分析与预警的热点词知识库，但是在实践中，热点词会不断更新和产生，所以仍然会有与舆情分析及预警相关的热点新词需要纳入词库。这些舆情分析与预警热点词可能来自各大媒体的报道，或仅仅来自部分网友的评论和留言。新单词发现功能为舆情分析专家提供了一组接口，专家可以通过这些接口来定制添加不在舆情热点词词库中的术语和概念。可以通过以下两种方法添加新术语：

①数据驱动方法

使用数据驱动方法，可以从各大媒体的新闻报道中获取信息。新闻报道中记录的各类社会热点，可以作为舆情分析知识图谱的良好数据来源。但是在使用过程中，舆情分析专家会发现某些反复出现的舆情分析热点词未被存储在概念图中。

表 7　文本数据中的词频和登记情况

关键词	制裁	恐怖袭击	丑闻
文本材料中出现的频率	23 次	15 次	21 次
是否已被登记为关键词	否	否	否

如表 7 所示，将从网络上收集到的文本数据进行分析和统计，可以得到一些词频较高的关键词，这些关键词有可能是舆情分析与预警的重要参考。在这种情况下，舆情分析专家可以将尚未被登记的单词作为新概念添加到图谱中。

②需求分析方法

除根据各大媒体的新闻报道中的特征定义概念外，舆情分析专家还可根据自己在舆情分析与预警领域的经验定义一些概念和关系。在某些场景中，新闻报道中的信息过于复杂，且涉及很多方面，部分特征过于分散，而专家只想专注于特定的几个特征。在这种需求驱动下，舆情专家可以先抛开新闻报道，仅在概念层次上定义概念和关系。图 11 给出了由专家定义的图谱的示例，这个图谱注重对公共安全危机的预警。

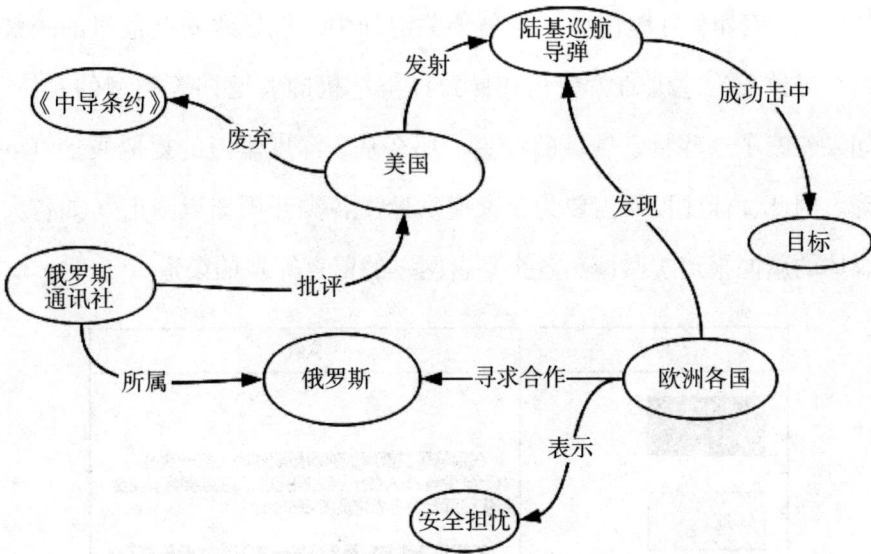

图 11 由专家定义的高层概念图谱

（三）实体和关系标注模块

图 12 标注开源知识图谱的方法

为实现从各大媒体的新闻报道中获取信息，需要提取实体和关系。提取的质量在很大程度上取决于标注。然而，在舆情分析与预警领域，许多实体类不符合传统定义的四类范式（PER，LOC，ORG，

MISC）。例如，在舆情分析与预警关键词中，有导致安全危机的关键词、导致政治危机的关键词和导致经济危机的关键词等类型的实体。如果忽略了这些特定领域的标签，那么基于深度学习的提取质量将下降。因此，标注模块需要为专家提供标注各类开源知识图谱（如各大媒体的新闻报道、微博、各个平台网友的留言等）的渠道。

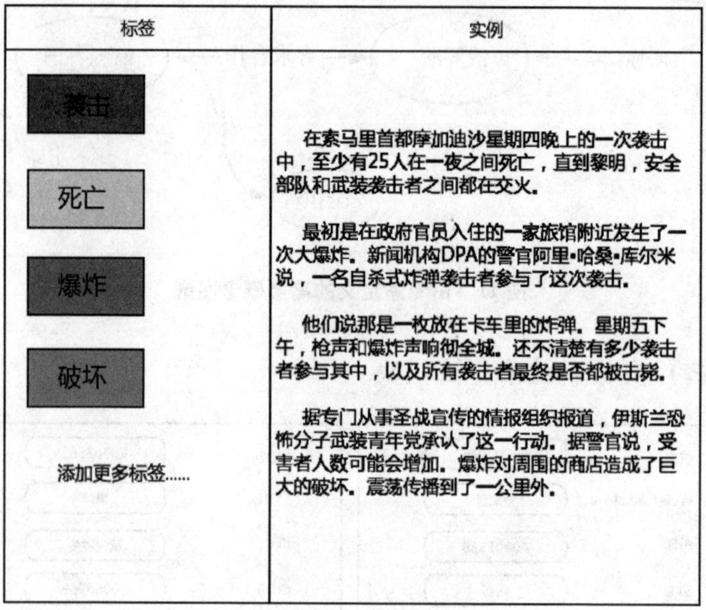

图 13　实体标注的方法

本模块需要与实体提取和关系提取模块配合工作，这样可以大幅度节省舆情分析专家的时间和精力。数据工程师的任务是使用机器学习模型（如 CRF 和 CNN – LSTM），从各类开源知识图谱中自动提取信息，而舆情分析专家专注于模型的结果，并为模型生成训练数据集。通过以上配合，提高舆情分析与预警的准确性和效率。

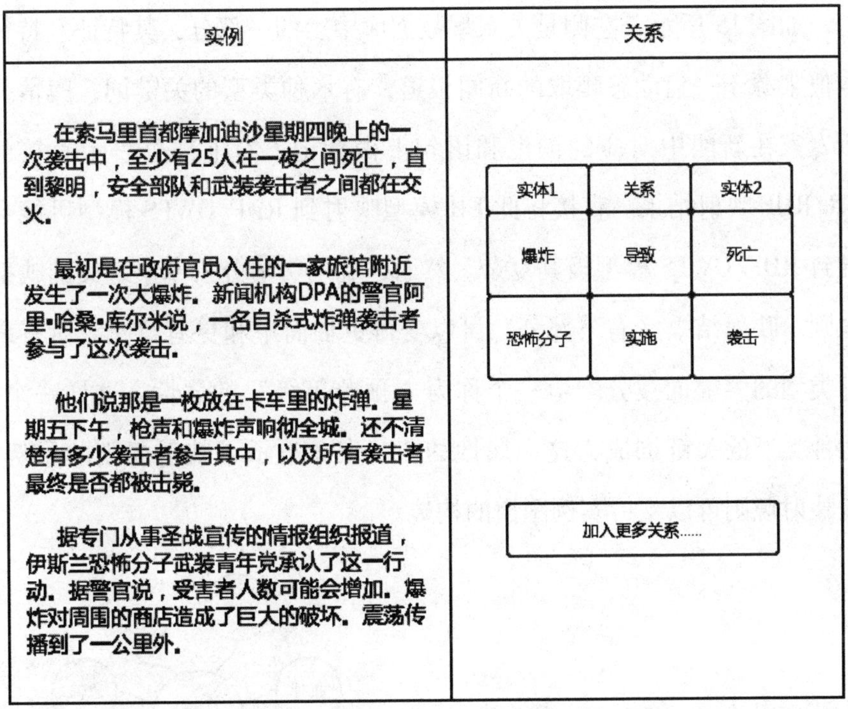

实例	关系
在索马里首都摩加迪沙星期四晚上的一次袭击中，至少有25人在一夜之间死亡，直到黎明，安全部队和武装袭击者之间都在交火。 最初是在政府官员入住的一家旅馆附近发生了一次大爆炸。新闻机构DPA的警官阿里·哈桑·库尔米说，一名自杀式炸弹袭击者参与了这次袭击。 他们说那是一枚放在卡车里的炸弹。星期五下午，枪声和爆炸声响彻全城。还不清楚有多少袭击者参与其中，以及所有袭击者最终是否都被击毙。 据专门从事圣战宣传的情报组织报道，伊斯兰恐怖分子武装青年党承认了这一行动。据警官说，受害者人数可能会增加。爆炸对周围的商店造成了巨大的破坏。震荡传播到了一公里外。	<table><tr><td>实体1</td><td>关系</td><td>实体2</td></tr><tr><td>爆炸</td><td>导致</td><td>死亡</td></tr><tr><td>恐怖分子</td><td>实施</td><td>袭击</td></tr></table> 加入更多关系……

图 14 关系标注的详细界面

（四）规则库模块

本研究的数据来源主要分为两类，一种是结构化数据，一般以 ER 数据模型表示；另一种是非结构化数据，一般以大段的文本资料表示。为了支持图谱构建，对于这两种类型的数据，要采取两种不同的规则：对于前者常采取映射规则，对于后者常采用抽取规则。

（1）映射规则

实例图谱一般采用 RDF/OWLS 模型进行描述，其特点是可以更好地以图形的形式呈现信息。然而，从开源知识图谱中收集的数据，大都是以 ER 模型的形式存储在关系型数据库中。ER 模型不适合表示图结构，因此需要构造从 ER 模型到 RDF/OWLS 模型的转换规则。

如图 15 所示，左侧是关系型数据库中表的一部分，其特征及特征取值来源于一篇动态爬取的新闻报道，有六种类型的关键词，舆情分析专家在新闻中对应的词汇和语句上做标记。右上部分表示直接的 ER/RDF 映射结果。直接将此 ER 模型映射到 RDF/OWLS 模型可能会导致 RDF/OWLS 模型极其复杂。然而，利用舆情分析专家定义的映射规则，映射结果（右下部分）可以变得更加简单和更有意义。所有六种类型的关键词被分配给一个称为"预警等级"的属性，这样一来，六种类型的关键词成为这一属性的值。表 8 显示了映射规则的示例，该映射规则可以支持实例图谱的构造。

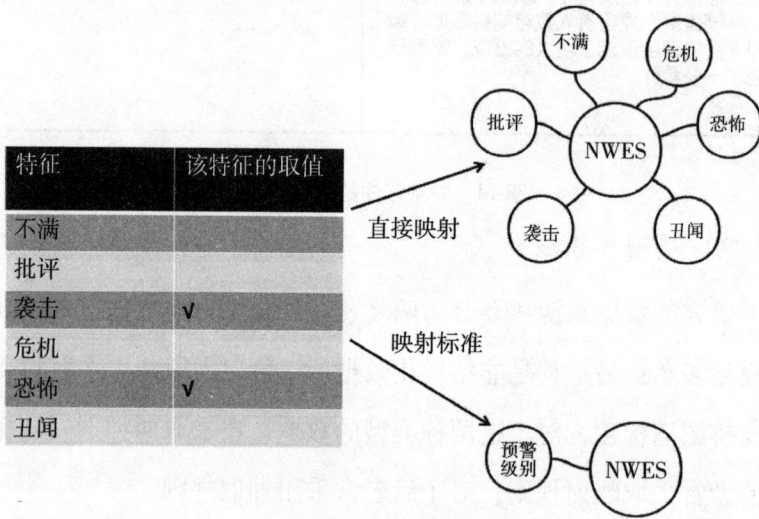

图 15　ER 到 RDF 的映射过程

表8　映射规则示例

ER 模型	RDF/OWLS 模型
不满	
批评	
袭击	预警级别
危机	CID：C0005968
恐怖	
丑闻	
总统	
经济	预警类型（政治、经济、安全）
安全	CID：C0002360

（2）映射规则

对于实体提取，主要有两种方法：一种是基于序列标注的提取方法，另一种是基于规则和模式的提取方法。基于序列标注的提取方法已在前文中介绍过了，在此将重点关注基于规则和模式的提取方法。

基于机器学习和序列标注的提取方法，在实体和关系的提取中已经取得了一些不错的成果。基于规则和模式的提取方法，因其灵活性可以成为序列标注提取方法的很好的补充。因为舆情分析专家的要求经常发生变化，这种灵活性在舆情分析与预警领域尤为重要。其为舆情分析专家提供一个人机交互性良好、便于定制规则和模式的接口，可以将专家的精力更多地集中在更有意义的信息提取和采集上。

首先，专家可以定义自己的正则表达式。如果舆情分析专家想要重点关注新闻报道中的某些关键词，他们就可以定制一些表达式，如"至少 * 受伤"。" * "用作通配符以匹配符合关键词要求的单词或短

语。然后，具有匹配和提取功能的 NLP 工具（如 spaCy 和 jieba）可被
应用于收集到的新闻报道和各类开源的知识图谱上。舆情分析专家首
先定义模式，确定提取的位置和内容，然后使用分隔符来匹配各大媒
体新闻报道中的概念。通过整合 NLP 工具，可以省去舆情分析专家手
工标记实体的工作，让专家可以更专注于文本提供的信息。图 16 展示
的是提取规则和提取结果的示例。

输入：
　　在索马里首都摩加迪沙星期四晚上的一次袭击中，至少有25人在一夜之间
死亡，直到黎明，安全部队和武装袭击者之间都在交火。

　　最初是在政府官员入住的一家旅馆附近发生了一次大爆炸。新闻机构DPA的
警官阿里·哈桑·库尔米说，一名自杀式炸弹袭击者参与了这次袭击。

　　他们说那是一枚放在卡车里的炸弹。星期五下午，枪声和爆炸声响彻全城。
还不清楚有多少袭击者参与其中，以及所有袭击者最终是否都被击毙。

　　据专门从事圣战宣传的情报组织报道，伊斯兰恐怖分子武装青年党承认了这
一行动。据警官说，受害者人数可能会增加。爆炸对周围的商店造成了巨大的
破坏。震荡传播到了一公里外。

模式1： ***承认了这一行动 输出实体： {伊斯兰恐怖分子武装青年}	模式2： 至少***受伤/死亡 输出实体： {25人}

图 16　提取规则示例

四、本章小结

本章提出了一个融入专家知识的舆情分析与预警知识图谱架构的

构建方法，并分析了构建过程的关键环节：如何将舆情分析专家关于舆情分析与预警的先验知识与机器的自动化构建方法相结合，以实现图谱构建质量和效率之间的平衡。本书主要讨论在何时何地将专家关于舆情的分析与预警的先验知识和相关工作引入，并做出四点总结：

1. 舆情分析与预警领域中不同数据来源之间的同义语料匹配；

2. 构建舆情分析与预警领域概念图谱时的概念建立与编辑；

3. 基于舆情专家手动标注的智能关系与实体抽取；

4. 基于舆情专家自定义映射和提取规则的舆情领域知识图谱的构建。

实验表明，通过以上四点的改进，舆情分析与预警知识图谱的质量得到了明显提升，基于该图谱的服务质量也得到相应的提高。

未来的工作，本书将会明确三点：

1. 扩大数据来源。现在可搜集的数据来源很广，可以通过信息采集设备，广泛地收集来自各个平台的数据并综合分析。

2. 进一步量化舆情分析专家在舆情分析与预警图谱构建过程中的工作量，努力寻找构建质量和效率之间的平衡点。

3. 进一步加强图谱对时效性和公正性的体现。在舆情分析与预警领域，对时效性和公正性的要求很高，要求能尽快将最新的数据转换为最新图谱，在分析之后及时进行预警。

第五章　面向舆情分析与预警领域的
跨语言知识图谱架构

　　探索信息在不同语言之间的流动规律，可以实现对境外舆情的有效监控，并对境内受众进行积极正面引导。本章提出了舆情分析与预警领域的跨语言知识图谱构建平台 CLOpin，该平台针对不同场景设计多个工具集来处理跨语言数据集，能够高效整合多种来源的数据，构建出一个跨语言知识图谱 CLKG（Cross Lingual Knowledge Graph），以此为指导实现跨语言的舆情分析与预警。

　　实验结果表明，使用 CLKG 与单一语言知识图谱相比，针对同一突发事件，前者 1 小时内的信息完整度比后者高出 13.9%，且仅比后者 24 小时内的完整度低 5.2%，这说明 CLKG 在跨语言信息融合方面实时性优势明显。CLKG 的构建受制于领域专家的稀缺，成为非通用语知识图谱建设的瓶颈。在 CLOpin 平台中，不同来源的知识相互补充，对事件信息量的扩充效果显著，这有利于其准确把握舆情动态并据此做出预警。

一、问题的提出

随着信息技术的发展，知识数量迅速增长，知识库的体量持续增加。在知识逐渐全球化的时代，一个对象可以用多种语言来描述，因此创建跨语言的知识图谱便成为促进全球性知识融合的重要手段。在近些年的研究中，许多知识图谱，不管是通用的还是面向特定领域的，都在大数据和人工智能领域发挥出了很大的作用，并且成为相关领域的宝贵资源，有的图谱被构建并用于分析电商产品数据[46]，有的图谱用于研究宋代历史名人的师承关系[47]，还有的图谱甚至被用于构建科技大数据知识发现平台[48]。知识图谱可以在语义知识库的基础上对海量知识进行结构描述，特别是在舆情分析与预警领域。通过在知识库的本体中输入关键词，知识图谱可以实现灵活有效的概念、事件、实体以及关系的查询。

新媒体和社交媒体兴起后，人们获得了前所未有的开放的信息来源平台和情绪释放媒介，这些平台媒介的信息来源非常广，并且传播速度特别快[49]。舆情危机随时都有可能在被发现并找到应对措施之前爆发，并在不同国家和地区之间实现跨语言的传播和演化。因此，构建面向舆情分析与预警领域的跨语言知识图谱是非常必要的。

在跨语言舆情分析与预警领域，知识图谱的构建往往基于多种语言的多个数据来源，大致可以分为两类。一类是各大平台上的开源知识图谱，比如，国外的 Freebase[50]、Wikipedia[51]、DBpedia[52] 和 YA-GO2[53] 等，国内的 CN – DBpedia[54]、百度的"知心"[55] 等；另一类是自行收集和统计的舆情关键词句数据库。根据不同的数据源，舆情分析与预警领域的知识图谱大致分为两类：概念知识图谱 CKG（Concept Knowledge Graph）、实例知识图谱 IKG（Instance Knowledge Graph）[56]。CKG 包含概念节点和关系，而 IKG 包含实例节点和关系。事实知识图谱 FKG（Factual Knowledge Graph）则既包含了概念节点和关系，又涵盖了实例节点和关系。

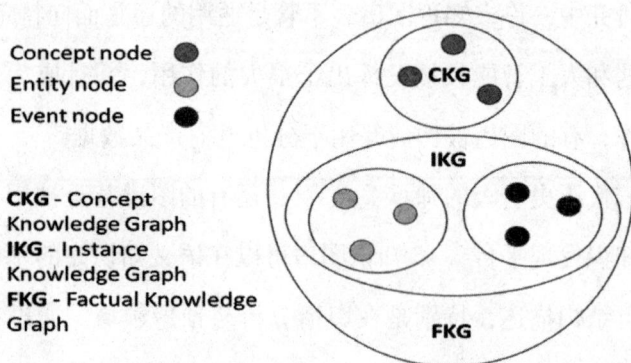

图17　三种知识图谱之间的关系

　随着网络向高度全球化的信息空间发展，跨语言的知识流动变得频繁[57]。互联网是一个涵盖了多种语言的知识库，语言的障碍，一方面增加了跨语言信息获取的难度，甚至会造成信息鸿沟[58]；另一方面，增加了实时监控信息跨语言流动的趋势的难度，不易实现对信息流动的有效引导。构建符合标准的跨语言知识图谱是解决以上困扰的核心挑战，但是现有知识库中不同语言的知识体量严重不平衡，同时不同语言语义规则也不一致。此外，对于舆情分析与预警领域的 FKG 而言，以各大主流网络媒体平台新闻报道为基础构建的文本数据，在缺乏舆情分析专家先验知识的情况下，可能导致跨语言知识融合过程的准确性较低。

为此，本书提出了 CLOpin，一个用于构建舆情分析与预警领域的跨语言知识图谱的平台。此平台结合中外文概念和关系构建了跨语言概念知识图谱，同时通过对汉语、日语、英语、德语、葡萄牙语、印尼语、越南语等语言近百万条新闻文字材料的处理，构建了跨语言实例知识图谱。最后，在 CKG 和 IKG 融合的基础上构建了跨语言的事实知识图谱 FKG—CLKG。

二、CLOpin 平台的架构和数据流

这一部分，将介绍 CLOpin 平台的架构和数据模型。CLOpin 的架构包括了跨语言数据源、数据输出形式、CLOpin 的工具集和最终用户。数据模型明确了用于构建 CKG 和 IKG 的跨语言数据的结构，以及概念、实例和关系如何组织以生成知识图谱中的节点和边。

（一）CLOpin 平台的架构

CLOpin 平台不仅可以为舆情分析与预警提供大规模的跨语言知识图谱，还可以提供有舆情分析专家参与的工具集，将多个来源的跨语言数据处理成知识图谱的节点和边。图 18 显示了 CLOpin 框架的总体架构。

如图 18 所示，CLOpin 的体系结构可分为三部分：

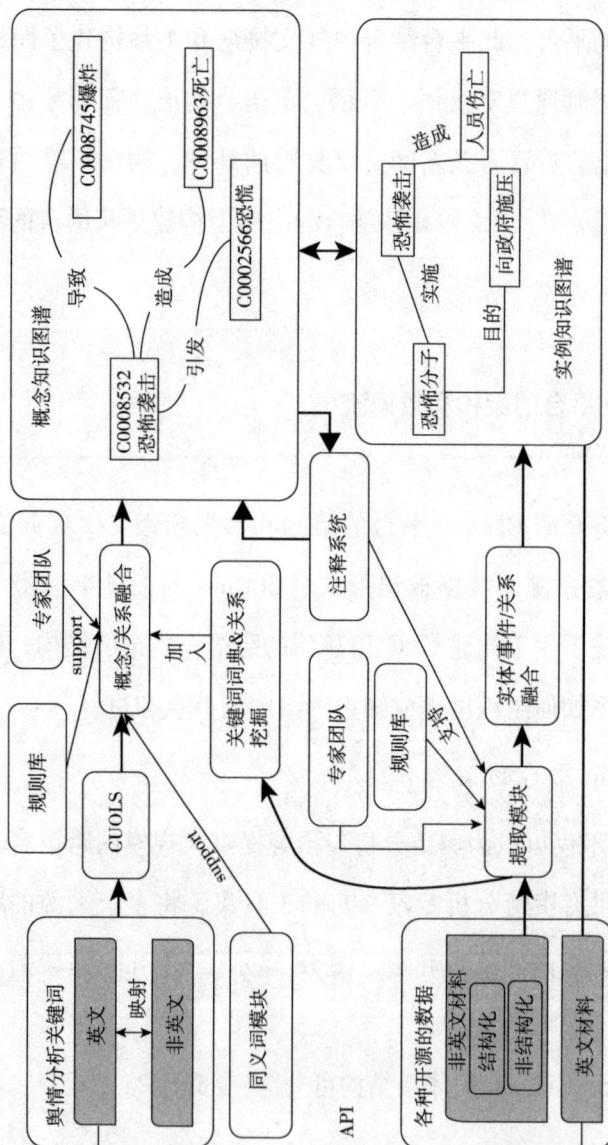

图 18 CLOpin 框架的总体架构

概念知识图谱 CKG 的构建：CKG 的数据来源是开放的数据库和知识图谱，其中包含了英文知识和非英文知识。CKG 构造将多个数据源转换为跨语言、统一的语义规则知识库 CUOL。同时，CLOpin 设计了舆情分析专家参与的工具集与机器学习算法来支持 CUOL 中概念和关系的融合。在舆情分析专家参与的工具集的帮助下，跨语言、异构数据集的概念和关系将会高效、准确地融合。

实例知识图谱 IKG 的构建：IKG 的数据源包括各语种对象国的主流媒体的新闻报道、各语种开放数据集和在对象国社会生活中采集的数据集。在完成实体、事件和关系抽取之后，可以生成实体语料库、事件语料库和关系语料库。为处理这些提取的数据，采用了一种新的机器学习算法，可以与舆情分析专家参与的工具集相匹配，以提高融合过程的准确性。

基于跨语言的 FKG—CLKG，CLOpin 平台不仅能够将某一事件与其应对策略自动链接在一起，而且可以实现将某一事件在不同语言中出现的情况进行对比和分析，再提出相同或者不同的应对策略，让用户更好地了解相关舆情危机和其应对方案。

（二）数据模型

数据模型确定数据的结构，并提供要存储的详细信息。数据模型可以是在特定应用领域中发现的对象和关系的抽象形式化，如舆情分析专家、新闻报道等，也可以指代一组概念和属性[22]。

在 CLOpin 的数据模型中，节点有三种类型：概念节点、实体节点和事件节点，节点之间的关系可以表示为边。这些节点和边可以有一个或多个属性。概念节点和实体节点的属性包括唯一代码、来源数据库、概念唯一识别码（Concept Unique Identity，CUI）、文本描述等。事件节点的属性包括唯一代码、开始时间、位置、事件类型、文本描述、说明等。

三、CLKG 的构建

基于舆情分析专家参与的工具集，CLOpin 平台可用于构建大规模、跨语言的舆情分析预警 FKG—CLKG。CLKG 包含来自多个跨语言数据源的 CKG 和 IKG。本部分将详细介绍 CKG 和 IKG 的构建过程。

（一）数据模型与 CKG 的构建

CKG 的数据源可以分为三种类型，来自各大平台开源数据集的 ER 数据、来自 RDF 知识图谱的数据、舆情分析专家自定义的数据。

1. CKG 的数据源

由于基于 ER 模型的数据库在表示水平上存在局限性，所以需要将 ER（Entity Relationship）数据模型转换为 RDF（Resource Description Framework）数据模型。CKG 选择了 R2RML 这种更灵活的自定义映射方法，它是一种关系数据库到 RDF 模型的标准转换。平台使用舆情分析专家参与的工具集、规则库来支持转换过程。

2. CUOLS 的构建

在跨语言知识图谱的构建过程中，最大的困难是不同语言知识总量的不平衡。非英文知识的严重缺乏造成了跨语言 CKG 的不完整。为了克服这个问题，平台生成了名为 CUOLS 的跨语言知识库，它基于各大平台上的开源数据的整合。

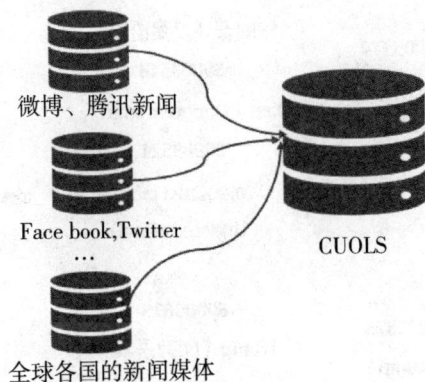

微博、腾讯新闻

Face book,Twitter
...

CUOLS

全球各国的新闻媒体

图 19 CUOLS 的生成

由于这些开源数据中包含了大量的概念和关系，平台通过独特的识别码 CUI 将不同语言的同一概念进行映射，同时 AUI 可以表示该概念的源词汇。因此，一个 CUI 可能对应复数的 AUIs。通过分析开源数据中的词汇特征，所有在词库中的字符串都能获得一个独特的代码。表 9 显示了其中一个概念的特性，根据这些特性，平台设计将字符串的唯一代码映射到它的源词汇表，然后获得它的 AUI，再通过 AUI 映射 CUI。

基于这个映射程序，平台收集了很多从开源数据中提取出来的舆情分析关键词。通过每个字符串所具有的唯一代码，将特定概念的表达式存储在新增列中。此外，在融合了众多开源知识库的基础上，平台构建了异构多源库（CUOLS），它可以存储包含非英文表达的大量的节点。

表9　概念特征

Concept (CUI)	Terms (LUIs)	Strings (SUIs)	Atoms (AUIs)
		S0008563	A0008123
	L0005874	特朗普（汉藏语系）	特朗普（汉语）
	特朗普	S0008548	A0009306
C0005896	ທ່ານໂດໂນ ທລ້ຳ	Kẹp（Undetermined）	Kẹp（越南语）
特朗普	Kẹp	S0008521	A0008966
ທ່ານໂດໂນ ທລ້ຳ		ທ່ານໂດໂນ ທລ້ຳ	ທ່ານໂດໂນ ທລ້ຳ（老挝语）
Kẹp		（Undetermined）	
Trump			
Trompete	L0005873	S0005623	A0001452
	Trump	Trump（印欧语系）	Trump（英语）
	Trompete	S0004578	A0007896
		Trompete（印欧语系）	Trompete（葡萄牙语）

3. 概念和关系融合

尽管 CUOLS 包含了很多的非英文概念映射，但是英文和非英文在知识总量上的巨大差距以及不同语言语义规则不一致的问题仍然存在。为了全面构建跨语言 CKG，融合多源的概念和关系是必要的。平台将舆情分析专家参与的工具集与机器学习算法集成在一起，以支持融合过程。

如前文所述，用于支持此过程的舆情分析专家参与的工具集包含：规则库、专家语料库、同义词模块、注释模块、单词发现和关系挖掘模块。

（1）概念和关系融合过程的规则库主要关注从 ER 到 RDF 的数据转换规则，舆情分析专家可以将 ER 模型下的数据映射到 RDF 模型下的概念知识图中的节点。

（2）在舆情分析专家语料库中，专家定义了没有存储在 CUOLS 中的，关于舆情预警最常用的关键词。他们用和 CUOLS 同样的形式添加新概念，表10 是专家语料库在融合过程中的一个例子。

表10　融合过程中的专家语料样本

Concept Corpus	Mapping Chinese	Unique code
Terrorist attack	恐怖袭击	C0008532
blast	爆炸	C0008745
casualties	受害者	C0005241

（3）在同义词模块中，舆情分析专家对同义词进行定义，以避免在融合过程中出现无意义的重复工作。例如，"特朗普"和"川普"在中文里是一对同义词，它们都对应着英文中的同一个概念，Trump（CUI：C0005896）。为了进一步提高效率，融合子系统会根据输入的词给出候选同义词，专家选择意义最接近的词，然后将该词加入同义词库。

（4）概念与关系融合中的标注模块着力于发现新的跨语言链接（CLs）。通过对由舆情分析专家提供的已有的数据集中的 CLs 学习，注释模块将在机器学习算法的帮助下提供几个候选 CLs，然后注释功能中权重最高的新 CLs 将添加到 CKG 中。

（5）涉及舆情分析专家的工具集提供单词发现和关系挖掘模块，以便将新闻报道实例中经常出现的概念和关系整合到 CKG 中，表11 是一个新单词发现的例子。

表 11　单词发现示例

输入材料	提取的概念	新词
据专门从事圣战宣传的情报组织报道，伊斯兰恐怖分子武装青年党承认了这一行动。据警官说，受害者人数可能会增加。爆炸对周围的商店造成了巨大的破坏。	1. 恐怖分子：Concept：[C0005622] Terrorist 2. 爆炸：Concept：[C0008745] Blast 3. 受害者：Concept：[C0005241] casualties	恐怖分子：Concept：[C0005622] Terrorist

舆情分析专家参与的工具集旨在提高 CKG 构建的准确性和完整性，但是人工制作和使用工具集[59]都有巨大的工作量，所以只有与机器学习算法相结合才能发挥作用。因此一组用于融合过程的专业机器学习算法被设计出来，如图 20 所示。

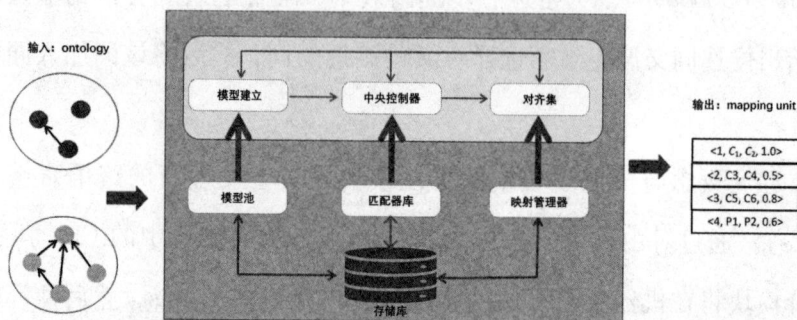

图 20　概念与关系融合子系统

该融合子系统包括以下六个部分。

（1）模型池：分析器使用 Jena 将输入本体导入模型。协调器有一组内置协调规则以调整模型。

（2）匹配库：管理四种匹配方法，包括 V – Doc、I – Sub、GMO 和 PBM。其中，V – Doc 和 I – Sub 是基于语言的匹配器，GMO 是基于图形的匹配器，PBM 采用分而治之的策略来映射大型实体[60]。

（3）映射管理器：映射管理器负责映射规则的生成和评估。

（4）对齐集：生成 XML/RDF 格式的匹配文件，并用传统的精确度/召回率对其进行评估。

（5）中央控制器：手动调整参数，在 Matcher 库中选择要匹配的方法。

（6）存储库：用于存储中间数据。

通过这个子系统，不同来源的跨语言概念和关系可以合并在一起，并被分配一个名为 CUI 的唯一标识，如表 12 所示。

表 12　概念融合结果

CUI	String	Source
C0005896	特朗普	汉语媒体
	Trump	英语媒体
	Trompete	葡萄牙语媒体

（二）IKG 的构建

实例知识图谱包含概念节点、实体节点和事件节点，以及它们之间的关系。

1. IKG 的数据源

CLKG 的数据源包含自行收集分析的材料、各大平台的开源数据集和爬虫爬取的社交媒体数据集。构建 IKG 的过程可以分为结构化数据映射过程和非结构化数据映射过程。对于结构化数据，通过应用规则基础模块来支持将 ER 模型数据转为 RDF 模型数据。对于非结构化数据，则设计了提取模块，让知识融合更加高效。

2. 提取模块

IKG 构建过程的关键内容包括实体提取、事件提取和关系提取。在处理英语材料时，平台使用了 API 技术，API 允许根据一般规则和用户需求提取实体和关系。对于非英文材料，使用机器学习技术和该语种舆情分析专家定义的规则库来实现准确高效的提取。

（1）实体与关系提取

在跨语言实体和关系抽取过程中，平台使用舆情分析专家语料库、规则库和标注模块来支持抽取过程。

专家语料库完全基于舆情分析专家的先验知识，规则库根据各类材料的语义模式和用户需求生成提取规则，这会有助于将非结构化的各类材料转换为实体和关系。表 13 为实体提取过程中基于语义模式的提取规则。

表 13　实体提取中的规则库

模式类型	基于模式的提取规则
事件发生时间	情况出现在＊＊＊＊
事件导致后果	本次事件造成＊＊＊＊

在实体抽取过程中，舆情分析专家参与的标注模块提供基于实体语料库的序列标注。在关系抽取过程中，专家参与的工具集生成基于模式的抽取模型，它是基于关系语料库的。在 CKG 中，实体和关系语料库都是由专家的领域知识、概念和关系提供支持的。

与机器学习算法对齐的方法，包括实体标注法 LSTM – CRF 和 CRF[61]，以及在关系提取过程中采用的基于模板的方法和监督学习的方法。在这些方法的帮助下，实例中的实体和关系实现了高精度、高效率的提取。

（2）事件提取

事件的提取是跨语言知识图谱的一个重要组成部分，因为时间线是一种直观的表示方法，可以在特定的一段时间内提供与查询实体相关的事件的概述。此外，时间线以数字表示，这意味着可以根据时间线轻松地链接跨语言事件。事件的提取还可以增加知识图的深度。以时间维度为牵引，知识图谱可以更好地显示某一事件连续的发展过程，从而发现实体之间更多的内在联系。由舆情分析专家定义的规则库可以支持事件提取。下面是一个事件抽取规则的例子："恐怖袭击在＊＊＊日爆发。"

（三）实体和关系融合

Embedding 方法可以将非结构化数据来源中产生的实体和关系进行建模，形成包含专家先验知识、概念图谱信息、语义上下文信息、多语言映射信息的向量 C。在实现上，常用的算法有 Canopy 算法和 K－means算法。

K－means 算法是无监督的聚类算法，它实现起来比较简单，聚类效果也不错，因此应用很广泛。K－Means 算法有大量的变体，最传统的 K－Means 算法的思想是，对于给定的样本集，按照样本之间的距离大小，将样本集划分为 K 个簇，让簇内的点尽量紧密地连在一起，而让簇间的距离尽量地大。

K－means 算法分为以下两步。

（1）对于 K－Means 算法，首先进行 k 值的选择，一般根据对数据的先验知识选择一个合适的 k 值，如果没有先验知识，则可以通过交叉验证选择一个合适的 k 值。

（2）在确定了 k 的个数后，需要选择 k 个初始化的质心。由于是启发式方法，k 个初始化的质心的位置选择，会对最后的聚类结果和运行时间有很大的影响，因此需要选择合适的 k 个质心，最好这些质心不能太近。

Canopy 算法与传统的聚类算法不同，Canopy 聚类最大的特点是不需要事先指定 k 值，因此具有很大的实际应用价值。与其他聚类算法相比，Canopy 聚类虽然精度较低，但其在速度上有很大优势，因此可以使用 Canopy 聚类先对数据进行"粗"聚类，得到 k 值，以及大致的 K 歌中心点，再使用 K – means 进行进一步聚类。所以"Canopy + K – means"这种形式聚类算法聚类效果良好。

Canopy 算法分为以下四步。

（1）原始数据集合 List 按照一定的规则进行排序，初始距离阈值为 T1、T2，且 T1 > T2。

（2）在 List 中随机挑选一个数据向量 A，使用一个粗糙距离计算方式计算 A 与 List 中其他样本数据向量之间的距离 d。

（3）根据步骤（2）中的距离 d，把 d 小于 T1 的样本数据向量划到一个 canopy 中，同时把 d 小于 T2 的样本数据向量从候选中心向量名单中移除。

（4）重复步骤（2）（3），直到候选中心向量名单为空，即 List 为空，算法结束。

算法原理比较简单，就是对数据进行不断遍历，T2 < dis < T1 的

可以作为中心名单，dis < T2 的认为与 canopy 太近了，以后不会作为中心点，从 list 中删除，这样的话一个点可能属于多个 canopy。

综合 Canopy 算法与 K – means 算法，于是有了"Canopy + K – means"的混合算法。"Canopy + K – means"算法的实现思路如下。

（1）聚类最耗费计算的地方是计算对象相似性的时候，Canopy Method 在第一阶段选择简单、计算代价较低的方法计算对象相似性，将相似的对象放在一个子集中，这个子集被叫作 Canopy，通过一系列计算得到若干 Canopy。Canopy 之间可以是重叠的，但不会存在某个对象不属于任何 Canopy 的情况，可以把这一阶段视为数据预处理阶段。

（2）在各个 Canopy 内使用传统的聚类方法 K – means，不属于同一 Canopy 的对象之间不进行相似性计算。这个方法存在两点好处，首先 Canopy 不要太大且 Canopy 之间重叠的不要太多，这样可以大大减少后续需要计算相似性的对象的个数；其次，类似于 K – means 这样的聚类方法是需要人为指出 k 的值的，通过第一步得到的 Canopy 个数完全可以作为这个 k 值，一定程度上减少选择 k 的盲目性。

按照以上的规则，将向量 C 运用到"Canopy + K – means"[62]方法进行实体融合，该过程如图 21 所示。

1. 基于 CKG 和专家标注的 Embedding 方法获得向量 A

从数据源中准备好描述同一事件的、不同语言信息源的文本数据，在舆情专家和 CKG 参与下对实体和关系进行标注并训练，形成实体与关系的自动抽取方法，进而生成实体/关系列表。之后使用基于 TransE 的 Embedding 方法，生成基于 CKG 和专家标注的向量 A。

虽然向量 A 中包含专家的先验知识以及 CKG 中的概念层次信息，

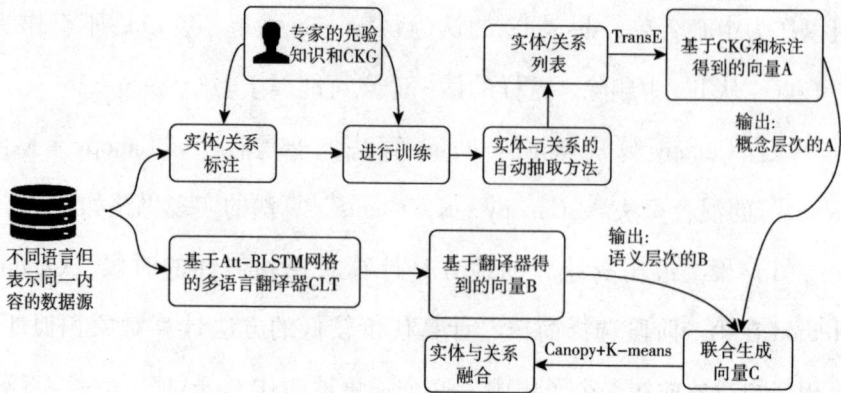

图 21　实体和关系融合过程

但信息不够充分，倘若直接把 A 用于融合比较，准确度可能较低。同时由于跨语言的人工标注需要大量的舆情专家参与，在标注过程中工作量巨大，因此提出了基于自动翻译网络的 Embedding 方法。

2. 基于自动翻译网络的 Embedding 方法获得向量 B

利用描述同一事件的不同语言语料文本形成训练集，在基于 Att - BLSTM[63] 网络的多语言翻译器 CLT 上，将各种语言翻译成同一种向量，通过 CLT 可以得到能够与向量 A 进行融合的向量 B。

与向量 A 不同，向量 B 中包含着语义信息和跨语言翻译信息，可以解决向量 A 内容的不充分的问题。

3. 对向量 C 使用"Canopy + K - means"方法进行实体与关系融合

上述环节得到了包含着专家的先验知识和 CKG 中概念层次信息的向量 A，和包含着语义信息和跨语言翻译信息的向量 B，将二者进行结合，得到一个含义丰富的向量 C。对于 C 可以使用"Canopy + K -

means"方法进行实体与关系融合。在上述全部过程结束之后，再经过舆情专家的人工审核，从而实现 IKG 的完整构建过程。

在整个融合过程中，平台主要将 Embedding、Att - BLSTM 和"Canopy + K - means"三种已经比较成熟的方法结合起来，形成了一套科学、准确、高效的实体与关系融合方法。因此平台拥有很好的扩展性，方便适应在未来可能发生变化的各种需求。其中，"Canopy + K - means"方法的聚类过程如图 22 所示。

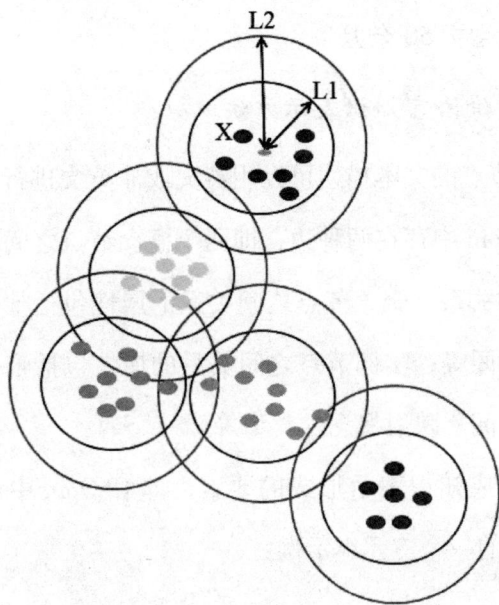

图 22　利用"Canopy + K - means"方法实现聚类的过程

四、实验与分析

为检测基于跨语言知识图谱对来源于不同语种信息源的融合效

果，在"华鼎大数据管理平台"上进行实验。该平台是973项目"面向复杂应用环境的数据存储系统理论与技术基础研究"的研究成果，是一个成熟完善的海量网络数据采集、存储和管理的云平台。

实验以汉语、英语、德语、印尼语、越南语5个语种作为研究对象，针对通用语种各选取1家、非通用语种视单个数据源的信息量差异各选取2~3家主流媒体网络平台，通过对2018年7月1日至2019年6月30日期间以上网站发布的全部新闻进行采集的方式，使用网络爬虫爬取了实验数据50余万条。

（一）构建跨语言知识表示方法

CLOpin中节点的文本描述可以用英文或非英文进行。基于这些跨语言节点，CLOpin中存在两种边，即两个概念节点之间的关系和两个实例节点之间的关系。概念节点之间关系的属性包括唯一识别码、开始时间、结束时间等；实例节点之间关系的属性包括唯一识别码、开始时间、结束时间、映射概念的类型等。

节点和边构成知识表示形式的要素，即CLOpin中的三元组。表14是CLOpin中的一个三元组示例：

表14　三元组示例

关系类型	主语	关系	宾语
两个概念之间的关系	C0008532（恐怖袭击）	避开	C0001235（安检）
两个实例之间的关系	I0008745（爆炸发生）	导致	I0005241（受害者出现）

CLOpin中的规则由许多三元组组成，用来描述三元组之间的内部链接。

（二）选取跨语言事件提取策略

由于新闻采编人员的立场、视角、信息来源等方面的差异，即使是同一事件在不同的新闻源中呈现的事件细节、情感倾向等方面都可能有很大的不同。最大可能还原事件的真相，及时发现对不同信息源甚至不同语种中的同一主题的事件，是实现对该事件全方位立体式重构的基础。

在本框架中，事件提取采用基于模板的方法和监督学习的方法，提取的实体和关系将与其唯一的代码保持对齐，从而实现跨语言实体映射。图23是一个提取结果的样例。

（三）实现实体、事件和关系的融合

将不同语种、不同新闻源的同一事件的新闻进行融合，既保证了兼听则明，了解事件的真相，又可以及时发现异常的舆论导向，规避负面舆情的发生、发酵和爆发。在实现实体、事件和关系的融合过程中，本框架整合了多源实例，包括：（1）从结构化实例转换的RDF数据（包括英文和非英文）；（2）从非结构化提取的知识；（3）舆情分析专家的关于舆情分析与预警的先验知识。

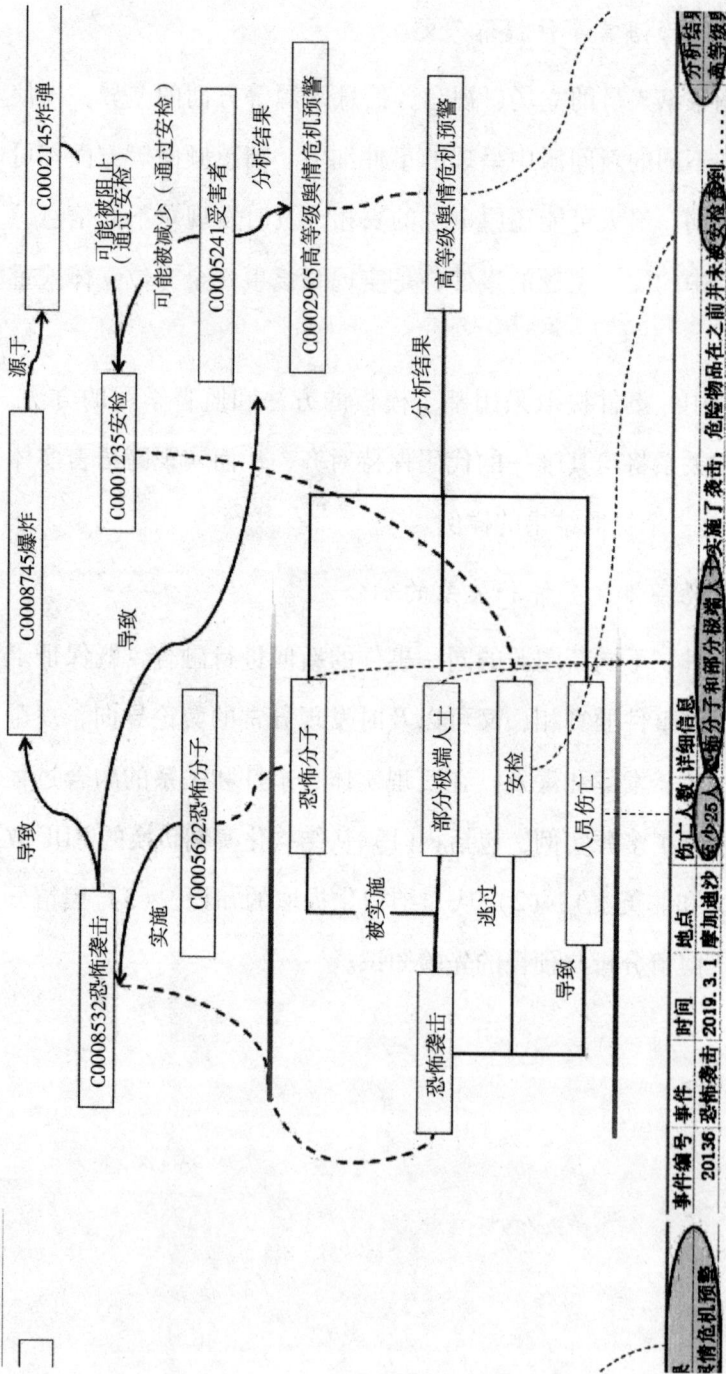

图 23　实体与关系抽取的结果

为了合并这些数据，要注意实体和事件节点的特性。由于每个实体和事件节点都具有许多特性，如唯一识别码、时间等，因此可以基于这些特性，链接到自行收集或者爬取的数据、开放数据集和社交媒体的跨语言实例。此外，由于这些数据库中的实例数量庞大，平台采用了与概念和关系融合过程相同的机器学习算法系统，这将有助于自动发现更多实例之间的内部链接。表 15 为跨语言实例融合结果示例。

表 15　跨语言融合的结果

输入实例：

　　在索马里首都摩加迪沙星期四晚上的一次袭击中，至少有 25 人在一夜之间死亡，直到黎明，安全部队和武装袭击者之间都在交火。

　　据专门从事圣战宣传的情报组织报道，伊斯兰恐怖分子武装青年党承认了这一行动。据警官说，受害者人数可能会增加。爆炸对周围的商店造成了巨大的破坏。

输出实体：

｛恐怖袭击｝：Concept node：C0008532；Matching ENAME："Terrorist attack"

｛爆炸｝：Concept node：C0008745；Matching ENAME："Blast"

｛受害者｝：Concept node：C0005241；Matching ENAME："Casualties"

……

输出关系：

恐怖袭击 < accompany >爆炸

爆炸 < cause >受害者

（四）对比与分析

在任何一个单一语种中，对突发事件的报道都存在着初期信息量有限，随着时间的推移逐步丰满和完善的过程。考查这一过程可以发现，由于视角相似、信息来源相近或者相同，同一语种中的不同数据源间相互参考对信息量的提升帮助有限。由于历史文化、宗教信仰、政治立场等方面的差异，不同语种的新闻报道往往能够从不同侧面对同一事件进行解读，这可以使新闻事件呈现更丰满的背景和细节信息。因此，对新闻事件的求真、求实、求全，必须通过跨语言的综合和凝练才有可能实现。

为探究跨语言信息流动对信息聚合效果的影响，在前文所述的爬取结果集中，选取汉语、英语、德语、印尼语、越南语五个语种主流媒体普遍关注的、突发的十大新闻事件作为研究对象。根据爬虫对相关网站文章的爬取结果，针对影响范围广的相关新闻进行抽取，然后对相同主题的不同语种的文章进行归类，横向对比突发性事件在每个单一语种的新闻中被报道的总次数，统计结果如表 16 所示。

表 16　相同事件在不同语种新闻中的报道次数统计

事件编号	事件名称	发生时间	汉语	英语	德语	印尼语	越南语
11468	印尼海啸	2018/9/30	42	24	9	265	5
11793	沙特记者被肢解事件	2018/10/2	21	33	17	1	2
14854	法国黄背心活动	2018/11/17	34	18	30	6	4
15298	俄罗斯扣押乌克兰军舰事件	2018/11/25	15	42	26	2	5
17583	嫦娥四号月背探测事件	2019/1/3	213	8	6	4	3
18820	美国退出《中导条约》事件	2019/2/1	8	23	13	8	2
20136	索马里首都恐怖袭击事件	2019/3/1	11	18	10	0	3
21033	埃航波音客机坠毁事件	2019/3/10	78	36	19	5	6
21812	新西兰清真寺枪击事件	2019/3/15	39	15	11	1	2
23515	巴黎圣母院火灾事件	2019/4/15	53	27	23	4	3

考虑到事件影响的持续性以及新闻关注的延续性，保证事件当前

热度已降低、再次出现相关新闻可能性极小。实验选取的事件所发生的时间均在三个月以上，从表 16 中可以看出，部分事件在各国受众中的关注程度差异很大，因此新闻刊发的数量也有很大的不同。

实验测试了不同时间维度下，跨语言新闻源信息融合后的信息量情况，以及单语言不同新闻源之间信息融合后的信息量情况，如表 17 所示。

表 17　不同时间维度下跨语言与单语言信息融合效果对比

事件编号	事件名称	信息点数量（1 小时）		信息点数量（24 小时）
		单语言平均值	跨语言复合值	单语言最大值
11468	印尼海啸	26	29	30
11793	沙特记者被肢解事件	18	22	25
14854	法国黄背心活动	12	15	16
15298	俄罗斯扣押乌克兰军舰事件	26	28	29
17583	嫦娥四号月背探测事件	68	69	71
18820	美国退出《中导条约》事件	19	21	21
20136	索马里首都恐怖袭击事件	14	17	18
21033	埃航波音客机坠毁事件	37	42	45
21812	新西兰清真寺枪击事件	35	39	40
23515	巴黎圣母院火灾事件	42	48	51

从实验结果可以看出，在单一语种中，由于信息相似度较高，即便将来自同一事件不同新闻源的相关信息进行融合，对信息点总量的提升作用并不明显。而在跨语言知识图谱的帮助下，由于不同信息源的补充，对同一事件所拥有的信息点总量提升显著。从平均效果上来

看，在事件发生1小时后，来自同一语种不同网站对该事件报道中所涉及的信息点总数，比来自五个语种的全部新闻报道所涉及的信息点总数低 13.9%，这说明单一语种的新闻在有效信息量方面，确实有很多不足之处，可以通过跨语言的信息融合进行提升。同时，在事件发生1小时后，来自五个语种的全部新闻报道所涉及的信息点总数，仅比常规方法在 24 小时后获得的相关事件的信息完整度低 5.2%。因此可以看出，基于 CLOpin 平台进行跨语言数据采集与融合，可以快速有效地满足受众对事件进行全面、快速了解的内在需求。

五、本章小结

本章提出了一个端到端平台 CLOpin，用来构建面向舆情分析与预警领域的大规模、跨语言的知识图谱，其具有四个方面的优势。

1. 可对接不同类型数据源。融入从结构化实例转换的多语言的 RDF 数据、非英语的非结构化数据、舆情分析专家的先验知识等不同语种、不同来源的数据源，可以使新闻事件呈现更加丰满的背景和细节信息。

2. 舆情预警更加及时与精准。由于引入了舆情专家工具集，提升了对同一则新闻材料不同语言表述的甄别以及跨语言知识融合的准确性，弥补了舆情分析专家先验知识缺乏的缺陷，跨语言融合的质量和效率得到提高。

3. 集成了领域内的已有成果。将基于机器学习与深度学习的通用方法融入舆情专家工具集中，解决了单纯采用专家工具集工作量过大的问题，提升了整个系统的运行效率。

4. 实现了多种类型输出。既可输出 CKG 和 IKG，又能基于它们构建 CLKG，后者是舆情分析与预警概念知识图和事实知识图的融合。CLKG 中源数据的完备性，可以提供相似材料的识别服务来支持不同语言间的舆情分析与预警关键词共享，使得此知识图谱架构面向的应用更加广泛。

本章存在的不足之处主要在于非通用语的领域专家的稀缺制约了 CLOpin 平台的应用拓展。下一步的工作中将主要致力于舆情预警数据库和非通用语舆情分析专家的整合，从而不断开拓 CLOpin 平台的应用场景。

第六章　单语舆情情感分析

　　研究资讯的跨语言传播，最需要关注的一点是，信息从一种语言环境流动到另一种语言环境过程中所发生的语意漂移现象。所谓语意漂移，又称逆向传播行为，是指某一社会事件，从一种语言的新闻报道被另一种语言所转述时，对该事件的感情倾向发生了改变，由正面变成了负面或者由负面变成了正面。

　　解决语意漂移问题的基础，是建立有效的基于事件的情感分析方法。情感分析是指从新闻报道中识别其表达出的情感、情绪或倾向性。为了衡量某一事件在一种语言中的情感倾向性，本章重点分析如何在某一单一语言中，通过情感词词典、停用词词典、否定词词典、程度副词词典等技术手段，实现对资讯中所蕴含的情感值的计算。如果相同事件在不同语言的新闻报道中的情感值差异超过阈值，就可以认为产生了语意漂移问题。

　　本章选取了属于非通用语的印度尼西亚语、属于通用语的德语两种不同语系的语言作为研究对象，来考查所提出的情感倾向性计算技术在非通用语和通用语中的普适性。

一、情感分析技术的研究现状

文本情感分析，也可称为意见挖掘，是指用自然语言处理技术，文本挖掘技术及计算机语言学等知识从主观文本等原始素材中识别和提取主观信息，并对这些主观信息所带有的感情色彩进行分析、处理、归纳和推理的过程[64]。

情感分析研究始于20世纪末。截至目前，国内外对文本情感分析技术的研究均取得了一定的成果。情感分析技术从初期的基于情感词典模型已逐步发展为基于深度学习模型。其中，对英文和中文文本的情感分析技术的研究较为成熟，已经有一些成型的系统投入使用。但是，对非通用语种的情感分析技术的研究较少，研究成果非常有限，可以说对于非通用语言文本的研究才刚刚起步。

目前，将情感分析按照方法进行分类，可主要分为两类：利用已编写好的情感词典进行情感分析和利用机器学习的方法进行情感分析。

（一）基于情感词典的情感分析

情感分析最基本的方式是面向词汇级别，对带有情感色彩的词汇进行分析，例如，形容词"好"是带有正向情感色彩的词汇，而"坏"是带有负向情感色彩的词汇。[65]

应用情感词典进行情感倾向性分析，首先需要构建基于某一语言的情感词典。目前，大多数通用语都已经有了比较成熟的通用情感词典，而非通用语一般需要自行创建情感词典来进行情感分析。对于基于情感词典的情感分析技术，经典的研究成果有 Tong R M 构建的在线评论跟踪系统[66]，该研究首先通过人工抽取的方法，将情感词汇从影视评论中抽取出来，再对情感词汇进行人工标注并构建情感词典，最后基于词典进行情感分析。学者 Kim S M 将意见分为主题、持有者、陈述和情感四个部分，使用种子词和 WordNet 扩展词典，基于情感词典匹配和预先设定好的相关规则和算法计算情感倾向性[67]。在目前已有研究成果中，比较有代表性的情感词典有 GI（general inquirer）评价词词典、NTU 评价词词典、HowNet 评价词词典等[68]。

一些学者在通用情感词典的基础上，对情感词典进行扩展，向其中补充添加特定领域的情感词典，研究利用领域本体对特定领域的文本进行情感分析的方法[69]。对于社交网站领域的情感分析，最早起源于国外的英文社交网站，研究人员将 Twitter 上用户发布的信息作为语料展开分析，如 Ravi Parikh 选用了 Twitter 信息做情感语料展开研究工作[70]。在中国，研究人员主要面向国内的"新浪微博"中海量的中文文本进行研究分析。研究者徐琳宏、林鸿飞首先将句子按照包含情感词数量和句子复杂程度分为 3 类，继而从句子中包含的词汇和句子结构两方面进行综合分析，提取出影响语句情感倾向性的 9 个文本特征，采用人工获取与自动获取相结合的方法构建情感词典，并基于此进行中文文本情感分析的研究工作[71]。

基于情感词典的情感分析方法的优点是分析较为精准，能够较好地利用人类现已掌握的知识，减少通过机器学习技术处理带来的不可控性和盲目性。虽然避免了复杂的人工标注样本的工作，但仍需要进行情感词典的构造。此方法受到自然语言处理技术的限制，在未来研究工作中还有很大的提升空间。

（二）基于机器学习的情感分析

使用机器学习的技术分析文本情感倾向性常用的模型有中心向量分类法、朴素贝叶斯分类法、最大熵分类法、K 最邻近分类法和支持向量机的分类法。

朴素贝叶斯分类算法是经常被用于文本分类的一种方法，它是一系列以假设特征之间强（朴素）独立下运用贝叶斯定理为基础的简单概率分器。该分类器模型会给问题实例分配用特征值表示的类标签，类标签取自有限集合。它不是训练这种分类器的单一算法，而是一系列基于相同原理的算法，所有朴素贝叶斯分类算法都假定样本的每个特征与其他特征都不相关。对于给出的待分类项，求解在此项出现的条件下各个类别出现的概率，哪个最大，就认为此待分类项属于哪个类别。朴素贝叶斯分类算法的一个优势在于只需要根据少量的训练数据就可以估计出必要的参数（变量的均值和方差）。由于变量间相互独立的假设，只需要估计各个变量的方差，而不需要确定整个协方差矩阵。

最大熵分类法是典型的分类算法，它和逻辑回归类似，都是属于对数线性分类模型。在损失函数优化的过程中，使用了和支持向量机类似的凸优化技术。熵度量了事物的不确定性，越不确定的事物，它的熵就越大。熵在信息论中是信息的度量，事件越不确定，其信息量越大，熵也越大。最大熵分类法是比较优的模型，但是它的约束函数的数目一般来说会随着样本量的增大而增大，导致样本量很大的时候，对偶函数优化求解的迭代过程非常慢。最大熵分类法获得的是所有满足约束条件的模型中信息熵极大的模型，作为经典的分类模型时准确率较高。它可以灵活地设置约束条件，通过约束条件的多少调节模型对未知数据的适应度和对已知数据的拟合程度。但是由于约束函数数量和样本数目有关系，迭代过程计算量巨大，实际应用比较难。

K 最近邻（KNN，K–NearestNeighbor）分类算法是分类技术中最简单的方法之一。所谓 K 最近邻就是 K 个最近的邻居样本，即每个样本都可以用它最接近的 K 个邻居来代表。KNN 算法的核心思想是如果一个样本在特征空间中的 K 个最相邻的样本中的大多数属于某一个类别，则该样本也属于这个类别，并具有这个类别上样本的特性。该方法在确定分类决策上只依据最邻近的一个或者几个样本的类别来确定待分样本所属的类别。KNN 算法在类别决策时，只与极少量的相邻样本有关。由于 KNN 算法主要靠周围有限的邻近的样本，而不是靠判别类域的方法来确定所属类别的，因此对于类域的交叉或重叠较多的待分样本集来说，KNN 算法较其他方法更为适合。KNN 算法不仅可以用于分类，还可以用于回归。通过找出一个样本的 K 个最近邻居，将这些邻居的属性的平均值赋给该样本，就可以得到该样本的属性。更有用的方法是将不同距离的邻居对该样本产生的影响给予不同的权值（weight），如权值与距离成反比，从而描述社会科学领域的关系链接问题。

基于支持向量机的分类方法是基于结构风险最小化原理的一种新颖机器学习算法[72]。如何从训练样本中找到一个支持向量，建构出最好的分类超平面，这是支持向量机的核心内容，它是从线性可分情况下的最优分类超平面发展而来的。用数学语言描述就是求解一个二次规划问题，这一问题的约束条件可以用不等式的形式表述出来。支持向量机是针对二值分类问题提出的，并且成功地应用于解函数回归及一类分类问题。虽然支持向量机在解决二值分类问题时获得了巨大的成功，但实际应用中的大量多值分类问题进一步要求将支持向量机推广到多分类问题上，目前有三种常用的方法。第一种是一对多法，其思想是把某一种类别的样本当作一个类别，剩余其他类别的样本当作另一个类别（这样就变成了一个两分类问题），然后在剩余的样本中重复上面的步骤，这种方案的缺点是训练样本数目大，训练困难。第二种是一对一方法，其做法是在多值分类中，每次只考虑两类样本，即对每两类样本设计一个 SVM 模型，因此总共需要设计 k (k-1) /2 个 SVM 模型，这种做法需要构造多个二值分类器，并且测试时需要对每两类都进行比较，导致算法计算复杂度很高。第三种是 SVM 决策树法，通常和二叉决策树结合起来，构成多类别的识别器，但是这种方法的缺点是，如果在某个节点上发生了分类错误，将会把错误延续下去，致使该节点的后续下一级节点上的分类失去了意义。

在对英文文本进行研究的成果中，Bo Pang 和 Lillian Lee 等人用机器学习的方法对文本按情感倾向性进行分类[73]，将其分为积极情感和消极情感。他们分别采用三种不同的分类方法进行实验——朴素贝叶斯分类法、最大熵分类法和支持向量机分类法。结果表明支持向量机的分类法在这几种机器学习方法中表现出最好的分类效果，准确率可达到81%—83%。Whitelaw 和 Garg 等人提出了文本抽取和分析评价词组的概念[74]，他们通过提取电影评论信息中带有形容词的词组进行情感倾向性分析，如"very good""not terribly funny"等短语。他们使用支持向量机的分类法对电影评论进行情感分类，如"积极评论""消极评论"等，将预先编写好的标准词袋和评价词组作为支持向量机的特征输入进行情感分类的训练，再利用电影评论语料进行测试，发现测试准确率可高达90.2%[75]。

唐慧丰和谭松波等人将形容词、副词、名词和动词四类不同的词语作为不同的文本表示特征[76]，以互信息、信息增益、CHI 统计量和文档频率作为不同的特征选择方法，分别采用朴素贝叶斯分类法、K 最近邻分类法和支持向量机的分类法三种方法进行实验，并分别在特征数量不同和训练集规模大小不同的情况下对情感倾向性分类结果进行分析和对比，其结果表明，当训练集中的数据规模非常庞大，且特征选择较为合适时，采用 n – Gram 特征表示、信息增益特征选择和支持向量机的分类方法，情感倾向性分类准确度较高[77]。

（三）分词技术

中文文本与英文文本的差异较大，因为处理中文文本需要预先对文本进行分词处理，而分词的精准程度直接影响着情感倾向性分析的准确度，所以难度较英文文本更大，过程更为复杂。分词就是将连续的字序列按照一定的规范重新组合成词序列的过程。我们知道，在英文的行文中，单词之间是以空格作为自然分界符的，而中文只是字、句和段能通过明显的分界符来简单划界，唯独词没有一个形式上的分界符，虽然英文也同样存在短语的划分问题，不过在词这一层上，中文比之英文要复杂得多、困难得多。现有的分词算法可分为三大类：基于字符串匹配的分词方法、基于理解的分词方法和基于统计的分词方法。按照是否与词性标注过程相结合，又可以分为单纯分词方法和分词与标注相结合的一体化方法。

1. 基于字符串匹配的分词方法

这种方法又叫作机械分词方法，它是按照一定的策略将待分析的汉字串与一个"充分大的"机器词典中的词条进行匹配，若在词典中找到某个字符串，则匹配成功，识别出一个词。按照扫描方向的不同，串匹配分词方法可以分为正向匹配和逆向匹配；按照不同长度优先匹配的情况，可以分为最大（最长）匹配和最小（最短）匹配。常用的几种机械分词方法如下：

（1）正向最大匹配法（由左到右的方向）；

（2）逆向最大匹配法（由右到左的方向）；

（3）最少切分（使每一句中切出的词数最小）；

（4）双向最大匹配法（进行由左到右、由右到左两次扫描）。

还可以将上述各种方法相互组合，如可以将正向最大匹配方法和逆向最大匹配方法结合起来构成双向匹配法。由于汉语单字成词的特点，正向最小匹配和逆向最小匹配一般很少使用。一般来说，逆向匹配的切分精度略高于正向匹配，遇到的歧义现象也较少。统计结果表明，单纯使用正向最大匹配的错误率为 1/169，单纯使用逆向最大匹配的错误率为 1/245。但这种精度还远远不能满足实际的需要。实际使用的分词系统，都是把机械分词作为一种初分手段，还需通过利用各种其他的语言信息来进一步提高切分的准确率。

一种方法是改进扫描方式，称为特征扫描或标志切分，优先在待分析字符串中识别和切分出一些带有明显特征的词，以这些词作为断点，可将原字符串分为较小的串再来进行机械分词，从而减少匹配的错误率。另一种方法是将分词和词类标注结合起来，利用丰富的词类信息对分词决策提供帮助，并且在标注过程中又反过来对分词结果进行检验、调整，从而极大地提高切分的准确率。

2. 基于理解的分词方法

这种分词方法是通过让计算机模拟人对句子的理解，达到识别词的效果。其基本思想就是在分词的同时进行句法、语义分析，利用句法信息和语义信息来处理歧义现象。它通常包括三个部分：分词子系统、句法语义子系统、总控部分。在总控部分的协调下，分词子系统可以获得有关词、句子等的句法和语义信息来对分词歧义进行判断，即它模拟了人对句子的理解过程。这种分词方法需要使用大量的语言知识和信息。由于汉语语言知识的笼统、复杂性，难以将各种语言信息组织成机器可直接读取的形式，因此目前基于理解的分词系统还处在试验阶段。

3. 基于统计的分词方法

从形式上看，词是稳定的字的组合，因此在上下文中，相邻的字同时出现的次数越多，就越有可能构成一个词。因此字与字相邻共现的频率或概率能够较好地反映成词的可信度。可以对语料中相邻共现的各个字的组合的频度进行统计，计算它们的互现信息。定义两个字的互现信息，计算两个汉字 X、Y 的相邻共现概率。互现信息体现了汉字之间结合关系的紧密程度。当紧密程度高于某一个阈值时，便可认为此字组可能构成了一个词。这种方法只需对语料中的字组频度进行统计，不需要切分词典，因而又叫作无词典分词法或统计取词方法。但这种方法也有一定的局限性，会经常抽出一些共现频度高、但并不是词的常用字组，并且对常用词的识别精度差，时空开销大。实际应用的统计分词系统都要使用一部基本的分词词典进行串匹配分词，同时使用统计方法识别一些新的词，即将串频统计和串匹配结合起来，既发挥匹配分词切分速度快、效率高的特点，又利用了无词典分词结合上下文识别生词、自动消除歧义的优点。

另外一类是基于统计机器学习的方法。首先给出大量已经分词的文本，利用统计机器学习模型学习词语切分的规律（称为训练），从而实现对未知文本的切分。由于汉语中各个字单独作词语的能力是不同的，此外有的字常常作为前缀出现，有的字却常常作为后缀，结合两个字相邻时是否成词的信息，这样就得到了许多与分词有关的知识。这种方法就是充分利用汉语组词的规律来分词。这种方法的最大缺点是需要有大量预先分好词的语料作支撑，而且训练过程中时空开销极大。

到底哪种分词算法的准确度更高，目前并无定论。对于任何一个成熟的分词系统来说，不可能单独依靠某一种算法来实现，都需要综合不同的算法。对于成熟的中文分词系统，常常需要同时采用多种算法综合处理问题。

（四）词典技术

情感分析本身是从用户的各模态输入中识别其表达出的情感或情

绪。从广义上说，情感分析需要从各种数据，如文本、视频、图像、语音里识别其所蕴含的情感。从狭义上说，情感分析是一个研究如何从文本中识别用户所表达出来的情感和情绪的任务。从文本中识别用户的情感和情绪，不仅要识别用户的情感状态，是褒义还是贬义、是悲伤还是喜悦，更重要的是希望通过技术手段，从文本中挖掘用户的观点所蕴含的倾向性，其中涉及的内容非常多。

情感词典可以帮助抽取识别用户观点的倾向性，以及倾向性蕴含的强度。停用词典由于筛选出不带情感色彩的词汇，可以避免影响文本情感打分。否定词的出现直接将句子情感转向相反的方向，而且通常效用是叠加的，所以需要否定词词典的帮助。通过打分的方式判断文本的情感正负，那么分数绝对值的大小则通常表示情感强弱，涉及程度强弱的问题，那么程度副词词典的引入就是势在必行的。

并非所有语种的情感词典资源都像中文和英文一样丰富，对于某些词典资源非常稀缺的非通用语种，有学者将语种资源丰富的情感词典翻译为资源较少的语种，但实验显示，很多评价词语在经过翻译后其情感倾向性发生了改变。Boiy 和 Moens 使用机器学习的方法对英语、荷兰语和法语三种语言的博客、评论和论坛文本进行情感分类[78]。由实验结果可知，对英语分类的准确率可达到83%，但对于荷兰语和法语文本的情感倾向性分类准确度较低，仅有70%和68%的准确率。由此可见机器学习方法在非通用语种的情感分析中也展示出了一定的优势，但由于情感资源较少，准确度仍有待进一步提高[79]。

基于机器学习的情感分析技术优势在于知识获取客观，准确性较高，劣势是其对训练语料依赖性较高，训练周期较长。另外，针对不同语种的研究方法也存在着很多不同点，随着语义信息的加入及训练语料集的不断完善和丰富，基于机器学习的情感分析技术的发展前景将十分可观。

二、新闻篇章的情感倾向分析

情感倾向性分析包含对情感倾向方向和情感倾向程度两个方面的计算。在新闻领域中，情感倾向方向指新闻编辑者通过新闻文字对某新闻事件所表达出的情感态度，如是否支持或同意新闻中的内容，呈现积极情感倾向还是消极情感倾向等。例如，新闻文本中含有"称赞"或"夸奖"等褒义词，表示新闻编辑者表达对新闻事件的支持态度，表达的情感是积极的；而新闻文本中含有"残暴"与"欺压"等贬义词，表示新闻编辑者对新闻事件持反对态度，表达的情感是消极的。情感倾向程度是指表达情感倾向方向时的强烈程度。在新闻领域中，新闻编辑者利用不同的程度副词、语气词或标点表达不同的情感强烈程度。如"比较好"与"非常好"同为褒义短语，在此处都表达积极情感；"非常"和"比较"是短语中的程度副词，"非常"与"比较"两个词语在情感上强烈程度不同，前者的远高于后者。

在对新闻篇章的情感倾向进行分析的过程中，为区分不同程度副词在情感倾向程度上的差别，在情感词词典外，另设立程度副词词典，通过给不同程度级别的词语赋予不同的权值，来体现情感倾向程度的不同。篇章级的情感倾向分析包括文本预处理、建立情感词词典、建立程度副词词典、建立否定词词典、情感计算、权值选取、结果输出七个处理环节。

（一）文本预处理

对单篇新闻进行文本预处理，首先需要完成对新闻的分词、分句工作，通过标点符号作为分割标志，将一篇新闻分割为 n 个句子。其次，对新闻数据进行停用词过滤的操作，根据预先制定的停用词表，对文章中不相关的信息进行剔除。停用词也被称为功能词，通常情况下，停用词包括在文本中出现的代词、介词、虚词，以及一些不含有情感倾向性的字符、标点、表情符号等。停用词表一般需要根据所处理的语言自身特点制定，常用的方法是，先用中英文停用词作为标准进行翻译，然后再针对该语言的特点进行增补和删改，在语言专业人士的指导下，最终制定该语言的停用词表。

以中文为例，在建立中文停用词表时，除了一些常见的如"的""了"等助词、虚词外，停用词表还包含一些与情感无关的符号，如新闻文本中常见的"#""/""@"等。这些字符在情感倾向性分析中无实际价值，如果让计算机处理这些词语和符号会造成计算资源的浪费，会增加不必要的运算复杂度。

（二）建立情感词词典

情感词通常指包含有感情色彩的词语、短语或句子的集合。情感词词典在情感识别和分析过程中具有非常重要的作用。文本的情感倾向通常通过情感词词典中的情感词语来体现，情感词词典的覆盖范围在很大程度上影响着情感倾向性的判定准确率。所以，情感词词典的建立是情感倾向性分析的重要基础。为提升情感词词典的覆盖范围，一般需要分别构建程度副词词典和情感词词典。程序使用情感词表和程度副词表来计算输出新闻文本的情感倾向性和情感倾向强度。

在为目标语种建立情感词词典的过程中，首先在知网（HowNet）发布的情感分析词语集的基础上，向目标语种进行转译，然后经人工筛选、剔除、补充、修改后，编纂形成该语种的情感词词典。对于大部分语种来说，都可以利用这种方式构建包含约 1 万个情感词的目标语种情感词典，其中包含约 5000 个褒义词及约 5000 个贬义词。词典主要由形容词和副词构成，也包含部分具有情感倾向的名词（如"败类"）和动词（如"称赞"）等。随着对该目标语种情感词词典的不断应用，词汇量将不断地更新和丰富，该词典也将会不断扩充和修正，以适应新的语言环境和语言的演化。

（三）程度副词词典

程度副词通常与情感词配合使用，主要用于修饰情感词的表示范围和程度等。新闻文本中往往含有大量的程度副词，如"极其""很"等，这些程度副词修饰了用户在表达态度、观点等内容时的情感强烈程度。例如："今天天气非常好。"这条语句中使用程度副词"非常"来修饰褒义词"好"，表达作者对天气的强烈的积极情感倾向。由此可知，程度副词的加入可以使文本在情感倾向度上发生变化，有助于更准确地进行情感分析。

在为目标语种建立程度副词词典的过程中，首先在知网（HowNet）发布的程度副词集的基础上，向目标语种进行转译，然后对该词典进行补充和修改，编纂形成该语种的程度副词词典。对于大部分语种来说，一般都可以得到几百个程度副词，为便于开展情感计算，需要把它们划分为五个等级，即极高量、高量、中量、低量和极低量，并为每个程度副词按照程度强弱赋予相应的权值，被程度副词修饰后的情感词按照程度副词的权值做相应区分。以印尼语为例，表18展示了程度副词的权值分配方法。

表18　程度副词权值分配表

等级	否定词示例	中文翻译	个数	权值
极高	Seratus persen、Sangat、Ekstrim	百分百、极端、极其	54	2
高	Terlalu、Khusus	非常、特别	34	1.5
中	Penuh、Juga	足、还	21	1
低	Ultra、Lebih	超、多	29	0.75
极低	Sedikit	一点	18	0.5

（四）否定词词典

否定词是程度副词的一种，它是表达否定含义的词语，由于否定词修饰情感词后会改变原有的情感倾向性，所以在文本中具有独特的语法意义和影响。例如，当一个否定词修饰一个积极情感词时，原本表达的积极情感就会转变为消极情感。例如："这件衣服不漂亮"，"漂亮"本是积极情感词，否定词"不"的修饰使这个短语转变为消极倾向。文本中还会存在多重否定现象，多重否定可能造成情感倾向的多次修改。当在情感词前出现多个否定词形成多重否定时，若否定词个数为奇数个，则仍表示否定；若否定词个数为偶数个，偶数个否定词相互抵消，则表示肯定。

在为目标语种建立否定词词典的过程中，一般需要在语言专业人士的指导下来创建目标语言的否定词表，并根据否定程度将其权值设置为 -0.5 和 -1。以印尼语为例，表 19 展示了否定词的权值分配方法。

表 19　否定词权值分配表

等级	程度词示例	中文翻译	个数	权值
低	Bagaimana	不怎么	12	-0.5
高	Perlu、Tidak	没有、不	11	-1

（五）情感计算

为了计算新闻数据的情感倾向性和情感强度，在对新闻文本进行预处理后，依据已构建好的情感词词典、程度副词词典、否定词词典对新闻文本数据进行情感倾向性及情感倾向度的计算和判别。

经过文本预处理后，原文本被分割而成 n 个句子 S_1、S_2、S_3、…、S_n，程序通过与预先构建好的情感词典逐一进行扫描，依次提取每个句子中的积极情感词 P_i 和消极情感词 N_i。若不是情感词，则进入下一个候选特征词，直至整篇新闻文本处理结束。若扫描到情感词 P_i 或 N_i，则倒序向前扫描，判断情感词前是否有程度副词或否定词 wa，如果有，则读取情感程度及相应权值，该情感短语的积极或消极情感倾向权重计算公式如公式 1、公式 2 所示。

$$O_{pi} = M_{wa} \times S_{pi} \qquad （公式 1）$$

$$O_{Ni} = M_{wa} \times S_{Ni} \qquad （公式 2）$$

公式 1 中，M_{wa} 表示程度副词的权值，S_{pi} 是句子中情感词 P_i 的权值，是句子中消极情感词 N_i 的权值。

句子 S_i 中可能包含 m 个积极情感词和 n 个消极情感词，即为 P_1、P_2、…、P_m 和 N_1、N_2、…、N_n。故该条句子的情感倾向度计算公式如公式 3 所示。

$$O_{si} = \sum_{i=1}^{m} O_{pi} - \sum_{i=1}^{n} O_{wi} \qquad （公式 3）$$

故一篇含有 q 条语句的新闻文本的最终情感倾向计算公式如公式 4 所示。

$$O_{di} = \sum_{i=1}^{q} OS_i \qquad （公式 4）$$

随后，系统对感叹句扫描。感叹句通常用于抒发较为强烈的感情，其情感强度大于普通的陈述句或祈使句，句末用感叹号标识。在处理感叹句时，根据不同语种的特点，确定感叹句的扫描标志，如中文可以将感叹号 "!" 作为扫描标志，将其权重设置为 2。在处理时，首先扫描文本预处理后字符串 S 中的后续特征词，若不为 "!"，则继续后续操作；若为 "!"，则将该句的情感得分乘以 "!" 的权值。若没有情感词，则继续做后续操作。

最终新闻文本 N_i 的情感倾向性及倾向程度将会根据上述计算得到的最终情感倾向值 P 的值来进行判断。根据 P_{di} 取值不同，将情感强度分为 5 级，分别是极其消极、消极、中立、积极、极其积极。具体判断方式如公式 5 所示。

$$P_{di} \begin{cases} > 10 & \text{极其积极} \\ <=10 \;\&\&\; >0 & \text{积极} \\ =0 & \text{中立} \\ <0 \;\&\&\; >=-10 & \text{消极} \\ <-10 & \text{极其消极} \end{cases} \quad （公式5）$$

情感计算工作的最后将统计一些相关得分，包括计算积极、中立和消极新闻数量，计算总平均情感值以及总情感方差等来辅助数据分析，将情感波动程度依据得分方差分为波动强烈（big）、波动细微（small）两级等。

（六）权值的选取

情感副词共分为 6 个不同程度，取值范围在（-1，2）之间。表否定含义的程度副词权值介于（-1，0），越接近 -1 表明否定程度越高，越接近 0 表明否定程度越低。其他程度副词的强度在（0，2）之间，越接近 2 说明该词表达的强度越强烈，越接近 0 表明该词表达的强度越弱。

需要注意的是，前文选择如表 18、表 19 所示的权值进行算法设计有一定的人为假设。首先，从全部新闻的情感得分可知，如果所有新闻的情感倾向性均较为负面，则如果否定词的权值选取过大，计算后得出的新闻情感倾向性可能过低，出现极值过小，情感波动过大的现象，不利于后期数据分析。其次，由于语言之间存在差异性，需要根据该语种的实际情况调整权值的设定值，避免在部分语种中，低和极低两个程度的程度副词区分较小的情况出现。

（七）结果的输出

经过以上六个环节的处理，一篇新闻的情感倾向即可通过计算得出。一般来说，输出的结果包含两个部分，一部分是以"＜分数，文本＞"的形式输出的每篇新闻文档的情感值；另一部分是将通过计算得出的情感平均分、方差、积极与消极文档个数及其所占比例等内容进行输出，以便后期开展数据统计分析工作。

三、主题事件的情感倾向分析

基于主题事件的情感倾向分析是指从互联网中采集到的全部新闻中，提取出与该主题事件相关的那部分新闻，然后对这些新闻中总体蕴含的情感倾向进行分析。在互联网上，用户拥有平等的情感表达机会，因此基于主题事件的情感分析结果，基本上代表着该主题事件舆情的走向。与篇章级的情感倾向分析方法不同，主题事件的情感倾向分析包括新闻篇章分类、情感分析算法、话题提取、基于语言的算法选择与优化等环节。

（一）新闻篇章分类

数据分类管理模块的流程图如图 24 所示：

```
┌─────────────────┐
│     分类管理      │
└─────────────────┘
          │
          ▼
┌─────────────────────────────┐
│ 从数据库中获取每个类的词表和权重   │
│ （均可通过TF–IDF算法预先算出）   │
└─────────────────────────────┘
          │
          ▼
┌─────────────────────────────┐
│  从数据库中获取待分类的条目        │
│     对应的 id 和文本            │
└─────────────────────────────┘
          │
          ▼
┌─────────────────────────────┐
│   统计每个文本词频              │
│   计算每个文档对应于每           │
│   个分类的分值                 │
└─────────────────────────────┘
          │
          ▼
┌─────────────────────────────┐
│  选出最高分对应的类，计算         │
│  结果可靠性，写入数据库中         │
│      对应字段                 │
└─────────────────────────────┘
          │
          ▼
┌─────────────────────────────┐
│ 根据预测类别将数据插入对应类的表中   │
└─────────────────────────────┘
```

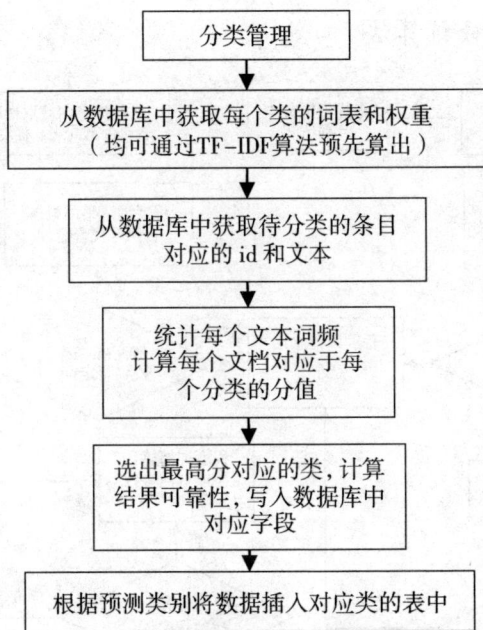

图 24　数据分类流程图

其中用于分类的预计算的词表，是通过 TF – IDF 方法，综合 TF 词频和 IDF 逆文档频率计算得来，公式为：

$$tf_{i,j} = \frac{n_{i,j}}{\sum_k n_{k,j}} \qquad （公式6）$$

$$idf_i = \log_{10} \frac{|D|}{|\{j : t_i \in d_j\}|} \qquad （公式7）$$

$$tfidf_{i,j} = tf_{i,j} \times idf_i \qquad （公式8）$$

其中 $tf_{i,j}$ 为词语 n_i 在文档 j 中出现的频率，idf_i 为文档总数除以包含词语 n_i 的文档总数的商的以 10 为底的对数，文档 j 对应着类别 j，代码通过两层 Map 的映射存储对应于不同类的不同词汇的 TF 值，IDF 只需一层 Map 映射即可。

（二）情感分析算法

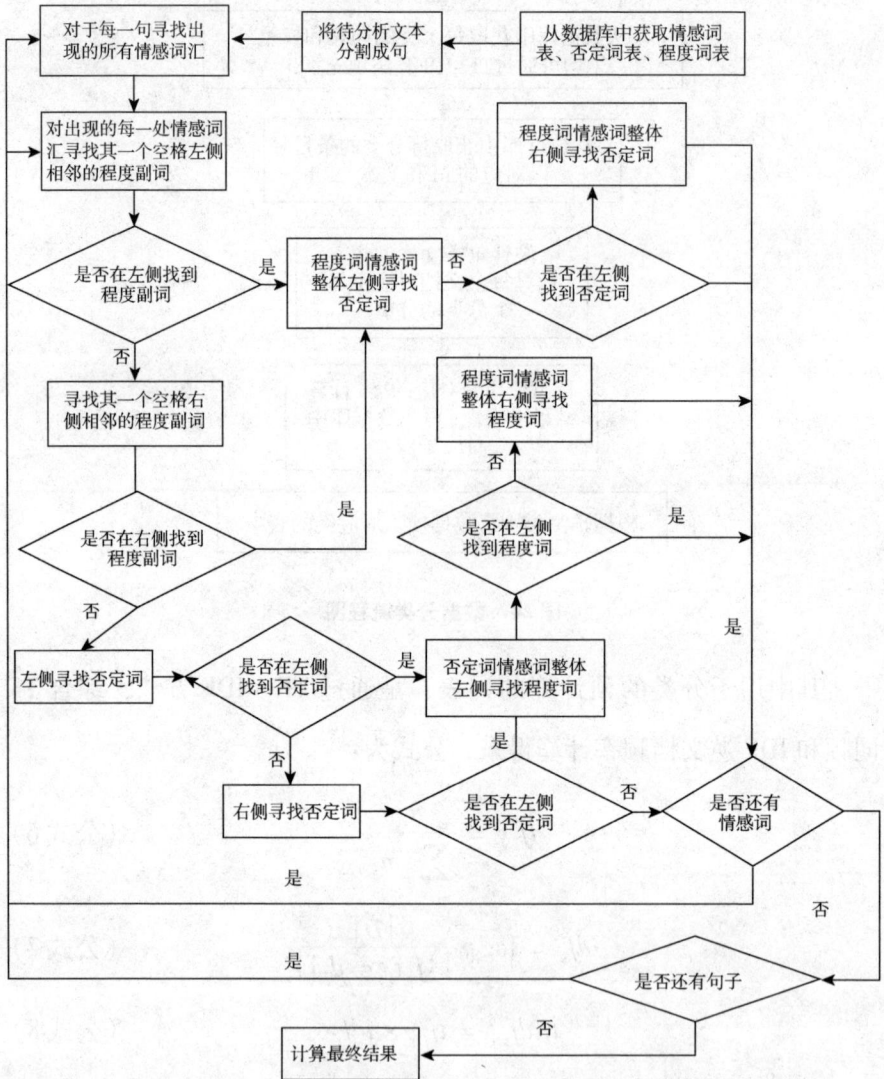

图 25 情感分析算法流程图

本算法为基于情感词库方法的情感分析算法，情感词库是在 HowNet 词典的基础上，经人工筛选、剔除、补充和修改后，编纂形成各语种的情感词典，构建了包含约 1 万个情感词的词表，其中包含约 5000 个褒义词及 5000 个贬义词，以及相应的程度副词、否定词等，以供算法使用。在寻找情感词汇时，部分词汇是短语，且必须要完整匹配而不是部分匹配，因此需要判定在句中的子串的首尾必须为句子的首尾或者非字母字符。而在后续的否定词和程度词寻找过程中亦须处理此问题，且应截取的子串会随找到的否定词和程度词长度变化而变化。

数据库中使用四个表分别存储着积极词汇 Positive、消极词汇 Negative、否定词 Reverse、程度副词 Degree。对文本的处理不光涉及正文文本，对梗概和标题也使用同样方式进行分析。

（三）话题提取

话题提取工作可以通过使用词频统计法（Term Frequency）来选取词频出现次数较高的关键词作为研究话题。该提取工作一般可分为两个环节，文本分词和词频统计。

分词技术是文本分类的基础。当前针对中文和英文的分词研究发展迅速，技术较为成熟。但是针对小语种的分词研究进展缓慢，相关研究成果极其有限。因此一般都需要在语言学专家的协助下，根据不同语言的特点采用不同的分词技术来实现新闻文本数据分词。

当前主流的分词技术一般分为文本拆分（split）、停用词排除（stop word）、词形还原和词干提取（lemmatisation & stemming）。

1. 文本拆分

文本拆分是将文本数据按照空格、数字、标点符号拆分成单个的单词。对于一个语种的文本来说，可以直接从文本中去除字符和数字，得到标点符号集合，将其作为单词拆分的标准。

需要额外注意的是，不需要提取由连字符"－"连接的单词，考虑到这些单词可能是一些组合词汇，如果拆分开来可能存在与原单词意义不符的情况，所以针对由连字符连接的多个单词，一般将其视为一个单词进行划分。

2. 排除停用词

在每个语言中都存在很多的冠词、介词、连词或副词，这些词汇没有实际意义，如果计入文本分类的词库中会对结果造成很大的误差，因此需要建立停用词表，从分好的词库中对照剔除这些停用词，得到含有实际意义的单词来进行文本分类。

3. 词形还原和词干提取

一般来说，任何一种语言在实际使用中都会存在词形变化的情况，这一点在由字母构成单词的语言中尤为常见。譬如英语中 dogs 的原型词为 dog，doing 的原型词为 do 等。针对这种类型语言的文本处理，为了避免在进行词频统计时将同一个单词的不同形态统计为不同的单词，需要进行词形还原或词干提取。

词形还原（lemmatization），就是把特殊形式的词汇还原成一般形式（能够完整表达语义）。而词干提取（stemming）则是抽取单词的词干或是词根形式（不一定是完整的单词）。词干提取和词形还原都是词形规范化的重要方式，区别主要在于以下几个方面。

在原理上，词干提取采用的是"缩减"方法，将单词提取为词干，如将"effective"提取为"effect"。而词形还原则采取了"转变"

方法，还原单词原型，如将"saw"还原为"see"，将"seeing"还原为"see"。

在复杂性上，词干提取相对较为简单，词形还原需要对词形进行分析、转化词缀、识别词性、区别同词形不同原型的词等。因此词形还原更复杂一些。

在实现方面，词干提取主要利用规则变化进行词缀的缩减，而词形还原需要建立较为全面的词典，构建变化词形和原形词的映射，生成词典中的有效词。

在应用层面，词干提取粒度较粗，主要用于信息检索领域；而词形还原粒度更细，能够更加准确地分析文本，因此一般用于文本挖掘和自然语言处理领域。

选取关键词是为了检索筛选相关新闻数据，以进行下一步的文本情感分析。同时词形还原需要构建全面的语种词形变换字典，而目前仍没有较为全面的字典资源，当前针对大多数语言的文本处理主要采取的都是词干提取的方法。

（四）基于语言的算法选择与优化

话题提取工作完成后，需要根据某一话题的具体文本进行情感分析（sentimental analysis）。情感是特定态度的体现。研究特定话题的用户情感，对分析舆情有着重要意义。情感分析通过提取信息中的褒义或贬义的词语，从而对用户态度、价值判断做出相应预测。根据文本颗粒度，可以将情感分析分为词、句子、篇章三个等级。一般来说，意见由主题、持有者、陈述、情感这四个元素组成，只有从文本中提取出这些元素后，才能进行有效分析。

目前，主题事件的情感倾向分析主要采取以下三种方法：（1）基于字典的情感分析；（2）基于机器学习的情感分析；（3）基于深度学习的情感分析。因此，情感词语料库也是提高分析精度的重要手段。目前具有一定代表性的语料库大多使用英语，非英语的情感词典较少，因此在对某一种语言的文本信息进行情感分析时，准确度高的翻译必不可少。同时也需在已有语料库的基础上，对非英语的情感词汇进行量化和程度的划分。

基于字典的情感分析需要停用词词典、否定词词典、程度副词词典等工具的支撑。情感分析的精确度很大程度上取决于词典的完备程度。虽然在正负向文本的判断上，该方法会忽略情感强弱、贬义词褒用的情况，但是可行性高，对于获取大部分文本的情感极性及情感分值具有可靠性。相对于前者，基于机器学习的情感分析更为客观，但是忽略贬义词褒用的情况依然存在。同时，机器学习需要来自不同领域的训练集和测试集，训练集的不充分将很大程度上影响情感分析的准确度。基于深度学习的情感分析是对前二者的综合提升，但是需要大量现成的成熟语料库，对已有资源要求高。

基于情感词典的主题事件情感倾向分析算法，首先对已分类的新闻篇章进行分句，再对每个句子进行分词，找出句子中的情感词、否定词和程度副词，再判断每个情感词之前是否存在否定词和程度副词，将情感词之前的否定词和程度副词划为一组，如果存在否定词则将情感词的情感权值乘以 -1，存在程度副词则乘以程度副词对应的程度权值。然后将所有组的得分加起来，得到每句得分。每句分数叠加，得出整篇文章的情感倾向分数。大于 0 归于积极倾向，小于 0 归于消极倾向。最后将整个篇章的得分加起来，得到该主题的得分情况。

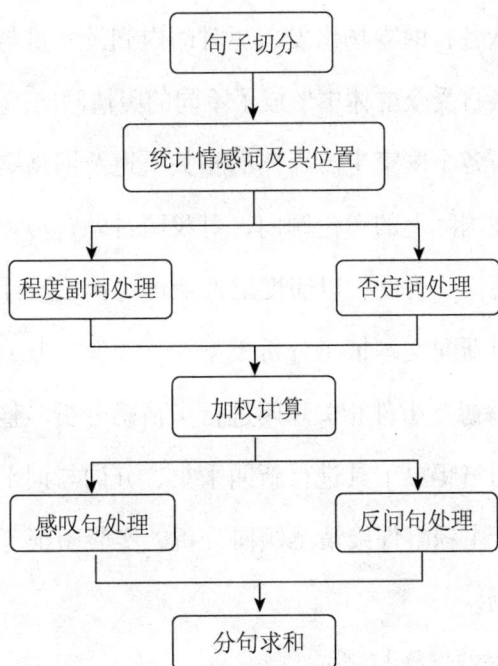

```
          ┌──────────────┐
          │   句子切分    │
          └──────┬───────┘
                 ↓
          ┌──────────────┐
          │ 统计情感词及其位置 │
          └──────┬───────┘
         ┌───────┴───────┐
         ↓               ↓
  ┌──────────────┐ ┌──────────────┐
  │  程度副词处理  │ │  否定词处理   │
  └──────┬───────┘ └──────┬───────┘
         └───────┬───────┘
                 ↓
          ┌──────────────┐
          │   加权计算    │
          └──────┬───────┘
         ┌───────┴───────┐
         ↓               ↓
  ┌──────────────┐ ┌──────────────┐
  │  感叹句处理   │ │  反问句处理   │
  └──────┬───────┘ └──────┬───────┘
         └───────┬───────┘
                 ↓
          ┌──────────────┐
          │   分句求和    │
          └──────────────┘
```

图 26　情感分析步骤图

四、典型舆情案例的情感倾向分析

本节选取了三个具体的案例，来说明单语舆情情感分析的典型研究过程。这三个案例中，选取了属于非通用语的印度尼西亚语和属于通用语的德语两种不同语系的语言作为研究对象，来分别考查本章所提出的情感倾向性计算技术在非通用语和通用语中的普适性。

（一）"萨德"事件情感倾向性分析

2017 年，一则"韩国加快部署萨德进程"的新闻引发各个国家的热议，该事件迅速成为国际社会的焦点，引起国际舆论的高度关注。各国主流媒体从各自的立场出发，短时间内刊发大量与此事件相关的新闻报道，在各自受众群体中形成了不同的舆情倾向。

梳理和分析各个国家主流媒体的相关报道及网络舆情，有助于我国了解该事件在国际上的舆论倾向，对我国对外宣传和维持国际关系有一定的指导意义。为此，以印度尼西亚语为例，设计了一个基于情感词典的印尼语新闻文本情感分析模型，并开发了原型系统，对印尼主流媒体上"萨德"事件相关新闻进行了情感分析。整个分析过程包括设计并开发网络爬虫工具进行新闻采集、分词与词干提取、词频统计、建立词典、主题事件级情感倾向分析、实验验证等环节，技术路线图如图 27 所示。

1. 新闻数据的选择与爬取

为实现对印尼语新闻文本的情感倾向性分析，首先需要选择对象国受众认可、具有一定国际影响力、以印尼语为主体语言的门户网站作为研究的切入点。

通过比较海外导航网（hhlink. com）和 alexa 网站（alexa. chinaz. com）公布的印度尼西亚报刊媒体新闻网站排行榜及网友推荐新闻网站排行榜，选择了三个在排行榜中名列前茅且具有代表性的印度尼西亚新闻官方新闻网站。分别是排名第一的印尼新闻网（detik. com），印度尼西亚最大的全国性日报——《罗盘报》（Kompas. com），以及《印度

```
┌──────────────┐
│  情感分析系统  │
└──────┬───────┘
       ↓
┌──────────────┐
│   数据获取    │
└──────┬───────┘
       ↓
┌──────────────┐
│  分词、分句   │
└──────┬───────┘
       ↓
┌──────────────┐
│  去除停用词   │
└──────┬───────┘
       ↓
┌──────────────────┐
│  统计情感词及其位置 │
└──┬────────────┬──┘
   ↓            ↓
┌────────┐  ┌────────┐
│程度副词统计│  │否定词处理│
└────┬───┘  └───┬────┘
     └─────┬─────┘
           ↓
┌──────────────┐
│   感叹句判断   │
└──────┬───────┘
       ↓
┌──────────────┐
│   加权计算    │
└──────┬───────┘
       ↓
┌──────────────┐
│  防止负数溢出  │
└──────┬───────┘
       ↓
┌──────────────┐
│  全部得分求和  │
└──────┬───────┘
       ↓
┌──────────────┐
│   结果输出    │
└──────────────┘
```

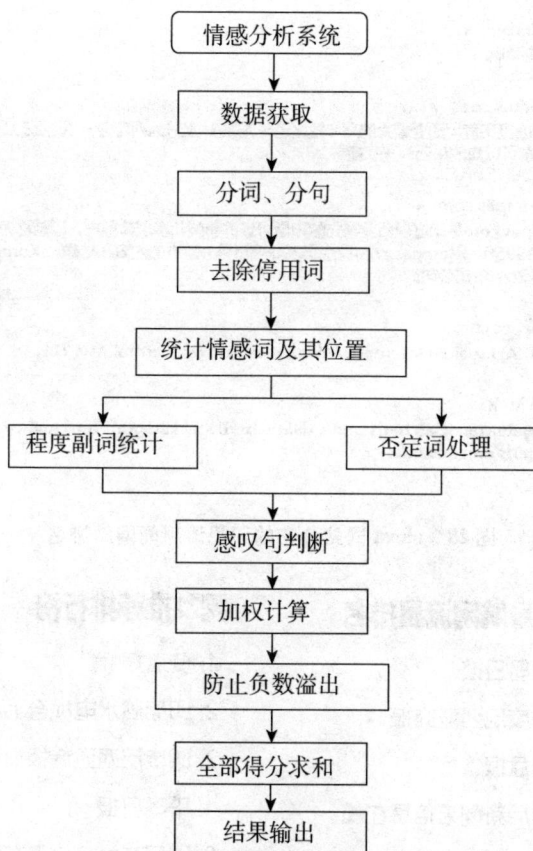

图27 情感倾向性分析系统流程图

尼西亚商报》（Bisnis Indonesia）。上述三个新闻网站在排行榜中名列前茅，由此可推断他们在印度尼西亚拥有庞大的用户群体，在印度尼西亚具有一定的公信力，从这些网站获取的新闻数据将较为准确且分析结论有较强的说服力。

对于新闻事件，选择了2017年在国际范围内引发广泛热议的"萨德——战区高空区域防御系统"作为研究对象。新闻背景是2016年7月美国和韩国正式宣布在韩国部署"萨德"系统，此事件引发了韩国

| 1 | Detik.com detik.com ✦ |
| | 网站简介：印尼新闻网 |

| 2 | Kaskus.co.id kaskus.co.id ✦ |
| | 网站简介：Kaskus是印度尼西亚最大的一个社区论坛,它整体上分为两部分,一是论坛,二是交易平台,卖家可以在该平台上发布可以卖的东西供买家搜寻。 |

| 3 | Kompas.com kompas.com ✦ |
| | 网站简介：Kompas.com是印度尼西亚领先的和最可靠的新闻和多媒体门户。以前称为罗盘网络媒体或罗盘在线。成立于1995年，Kompas.com重生于2008年5月与改进的内容和结构。Kompas.com是罗盘Gramedia数码集团的附属公司。 |

| 4 | Klikbca.com klikbca.com ✦ |
| | 网站简介：KlikBCA: Layanan Internet Banking dari PT Bank Central Asia Tbk. |

| 5 | Olx.co.id olx.co.id ✦ |
| | 网站简介：Menyediakan iklan baris gratis dalam berbagai kategori. Terdapat versi bahasa Indonesia, Inggeris dan Belanda. |

图 28　alexa 网站公布的印尼语新闻网站排名

海外导航网流量排名

1. 千岛日报
2. 印度尼西亚商报
3. 罗盘报
4. 印尼新闻与信息在线
5. 印尼泗水电视台

网友推荐排行榜

1. 罗盘报 (7)
2. 印尼泗水电视台 (5)
3. 印度尼西亚商报 (4)
4. 千岛日报 (3)
5. 印尼新闻与信息在线 (2)

图 29　海外导航网流量排名及网友推荐排行榜

国内的巨大争议以及周边地区国家的强烈不满，此举也在很大程度上损害中国战略安全利益，因此与中国关系密切。事件主体主要涉及中国、美国和韩国三个国家，研究身为旁观者的印尼民众对此事件的舆论倾向，可以更客观地反映国际社会对此事件的观点和看法，是在单一语言内部研究情感倾向性难得的素材。

在确定本项研究的数据资源来源网站群后，利用 Python 语言编写爬虫程序，在上述三个印度尼西亚官方新闻网站上，爬取从 2013 年 1 月 1

日至 2017 年 5 月 3 日三年半时间跨度内含有"THAAD"关键词的新闻。爬虫抓取的目标为新闻文本及其相关数据，如发布时间、发布地址等，这些新闻文本数据是后续进行情感倾向性分析的重要基础。由于在原始状态中，新闻文本数据存放在不同网站的不同网页中，不同网站的新闻文本数据组织形式不同，没有统一的保存规则，因此把这些数据应用到后续情感倾向性分析工作之前，需要进行一系列的数据预处理工作，包括数据的清洗、加工，以及对格式的规范和统一等。

图 30　新闻抓取页面示例

2. 分词与词干提取

印度尼西亚语是以廖内方言为基础的一种马来语，属于马来 - 波利尼西亚语系。全世界约有 3000 万人将印度尼西亚语作为他们的母语。印尼语源自苏门答腊岛东北部的马来语，是该语言的一个地区性变种。印尼语使用拉丁字母，属于单字节文字，语法较为简单。印度尼西亚语以单词为基本单位，词语和词语之间利用空格隔开，单独一个单词即可表达一个独立的意思，无须额外进行分词操作。从发生学上说，印度尼西亚语属于南岛语系[80]；从类型学上说，印度尼西亚语属于黏着型语言，即通过在一个不能再分为更小语素的词上附加各种成分而表达不同的语法语义[81]。

表 20　词干提取结果示例

变形词	词干提取结果
dipaksa	paksa
buatannya	buat
memberikan	beri
ramuan	ramu
berhenti	henti

PySastrawi 是一款印尼语词干提取工具包，为提升研究工作的效率，提高词干提取的准确性，直接应用 PySastrawi 工具包对分词后的单词进行了词干提取。

3. 词频统计

在完成了文本分词和词干提取工作后，首先对获得的词汇进行词频统计。词频计算公式如下：

$$单词 x 的词频 TF_{(x)} = \frac{单词 x 出现的次数}{总共的单词数}$$

根据词频计算公式，将网络爬取的词汇根据其出现的频度进行倒序排序，排名前 100 的单词的词云图如图 31 所示。

通过分析发现，在所采集的 2017 年 4 月网站新闻正文词汇的词频表中，排名前 100 的单词里并没有涉华的关键词，也没有出现与"THAAD"相关的关键词。这个结果与事实相符，作为第三方来说，

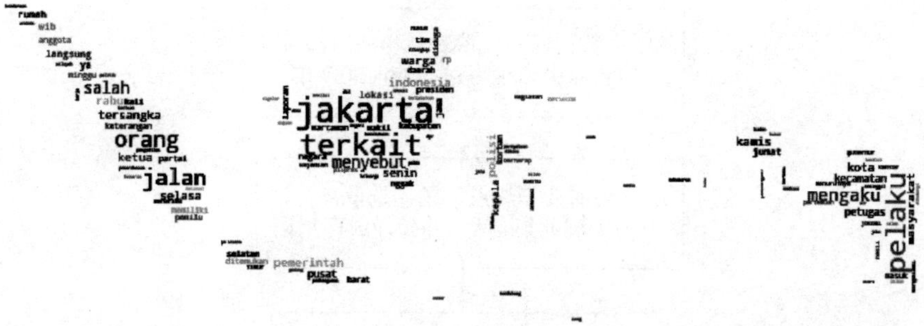

图31 词频前100单词的词云图

印尼国家民众关注的焦点是他们的民生问题，而非与他们关系不大的地缘政治问题。

为了能够在海量印尼语新闻中找到研究对象，采取了话题提取的策略，从词汇词频表中筛选与中国、韩国、美国、"THAAD"相关的词汇，然后将这些词汇所在的新闻原文找出，作为研究对象。

同时，采取逆向策略扩展锁定研究对象，首先在中国的门户网站上获取2017年涉印尼的新闻报道，然后对这些新闻报道的正文词汇使用词频统计的方法，确认热点词并翻译成印尼语，如果这些词出现在印尼语词汇词频表中，则将这些词汇所在的印尼语新闻原文找出，作为另一部分研究对象。

汇集以上两种方式确认的研究对象，再对这些文章进行词频统计分析，得出这些涉华新闻正文词汇的词频表，确认为我们最终的研究素材。以上过程中的关键步骤如图32所示。

```
┌─────────────────────────────┐
│ 从中文数据库中获取2018年所有涉及印 │
│ 尼的新闻中出现率最高的前50个单词   │
└─────────────────────────────┘
              ↓
┌─────────────────────────────┐
│ 结合当前涉华热点话题，选取部分词     │
│ 作为关键词集合A，并翻译成印尼语     │
└─────────────────────────────┘
              ↓
┌─────────────────────────────┐
│ 根据关键词集合A，匹配印尼语数       │
│ 据库中所有直接涉华的数据           │
└─────────────────────────────┘
              ↓
┌─────────────────────────────┐
│ 提取出现频率最高的前              │
│ 100个单词                     │
└─────────────────────────────┘
              ↓
┌─────────────────────────────┐
│ 选取部分有实际意义且涉华性         │
│ 强的单词作为关键词集合B           │
└─────────────────────────────┘
              ↓
┌─────────────────────────────┐
│ 根据关键词集合B，匹配印尼语数       │
│ 据库中所有直接和间接涉华的数据       │
└─────────────────────────────┘
              ↓
┌─────────────────────────────┐
│ 对选取出的数据                  │
│ 进行情感分析                   │
└─────────────────────────────┘
```

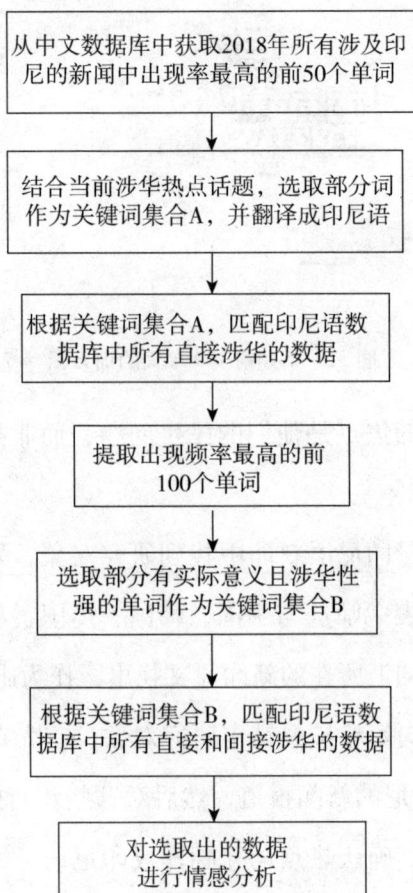

图 32 提取关键词改进后流程

通过对新浪、搜狐、腾讯新闻网站中的与印尼相关的中文新闻数据进行采集，共得到 24549 条新闻报道，对这些新闻的正文内容进行分词，然后得到排名前 50 的关键词。

图33 2018年涉印尼新闻关键词词云图

紧接着根据词频统计得到排名前50的关键词的出现次数。

在这50个词的基础上，结合2017年东南亚地区涉华热点事件，挑选出了17个关键词，如表21所示。

表21 东南亚涉华热点话题

一带一路	satu sabuk satu jalan	高铁	kereta cepat
贸易	perdangan	互联网	internet
国际	internasional	共同体	komunitas
合作	kerja sama	基建	pembangunan infrastruktur
建设	pembangunan	基础设施	infrastruktur
经济	ekonomi	旅游	pariwisata
投资	investasi	文化	budaya
投资者	investor	全球化	globalisasi
东盟	ASEAN		

在文本分割中，一般为了获取更准确的结果，都会对单词进行词性标注。目前中文和英文的词性字典较为全面，基本涵盖大部分日常生活中可能出现的词汇。在印尼语单词词性标注方面，采用的是由

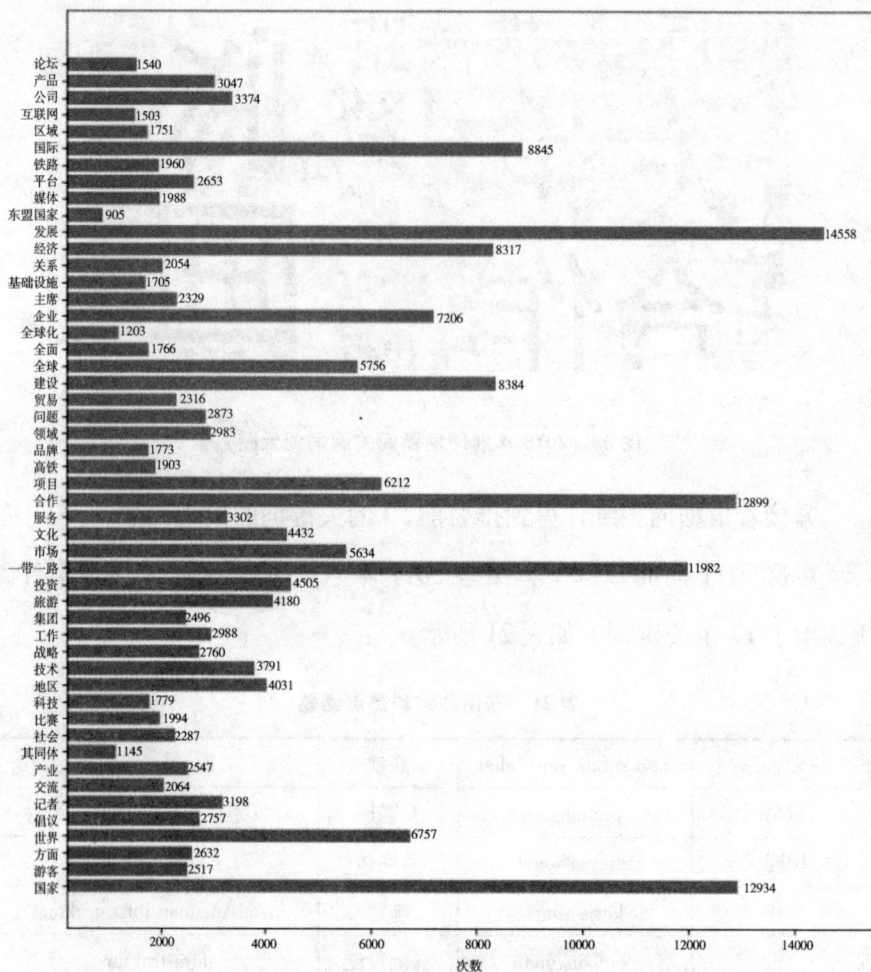

图 34　2018 年涉印尼关键词

Ruli Manurung 和 Arawinda Dinakaramani 等人建立的 Idn_ Tagged_ Corpus 字典，其包含了 11 万个常用单词，分为以下 21 种词性及符号和标点，如表 22 所示。

表22 词性分类表

Tag	Description	Example	Traslation
CC	Coordinating conjunction	dan, tetapi, atau	并列连词
CD	Cardinal number	dua, juta, enam, 7916	基数词
OD	Ordinal number	ketiga, ke - 4, pertama	序数词
DT	Determiner/article	para, sang, si	标注词
FW	Foreign Word	Climate change	外来词
IN	Preposition	dalam, dengan, di, ke	介词
JJ	Adjective	bersih, panjang, hitam	形容词
MD	Modal and auxiliary verb	boleh, harus, sudah	模态和辅助动词
NEG	Negation	tidak, belum, jangan	否定词
NN	Noun	monyet, bawah	名词
NNP	Proper noun	Boediono, Laut Jawa	专有名词
NND	Classifier, measurement noun	orang, ton, helai	分类名词
PR	Demonstrative pronoun	ini, itu, sini, situ	指示代词
PRP	Personal pronoun	saya, kami, kita	人称代词
RB	Adverb	sangat, hanya, justru	副词
RP	Particle	pun, - lah, - kah	助词
SC	Subordinating conjunction	sejak, jika, seandainya	从属连词
SYM	Symbol	IDR, + ,% , @	符号
UH	Interjection	brengsek, oh, ooh, aduh	叹词
VB	Verb	pergi, bekerja, tertidur	动词

续表

Tag	Description	Example	Traslation
WH	Question	siapa, apa, mana	疑问词
X	Unknown	statemen	未知词
Z	Punctuation	…, ?, .	标点

　　而话题一般为名词形式，可能直接保留外来词汇，因此选取词性为名词（NN）和外来词（FW）的单词作为话题选取研究对象。考虑到新闻标题更能够高度概括新闻内容及类别，因此从新闻标题中筛选关键词。最终得到标题中出现频率排名前 50 的关键词。

图 35　印尼涉华新闻关键词云图

　　根据词频统计得到前 50 个关键词的出现次数。

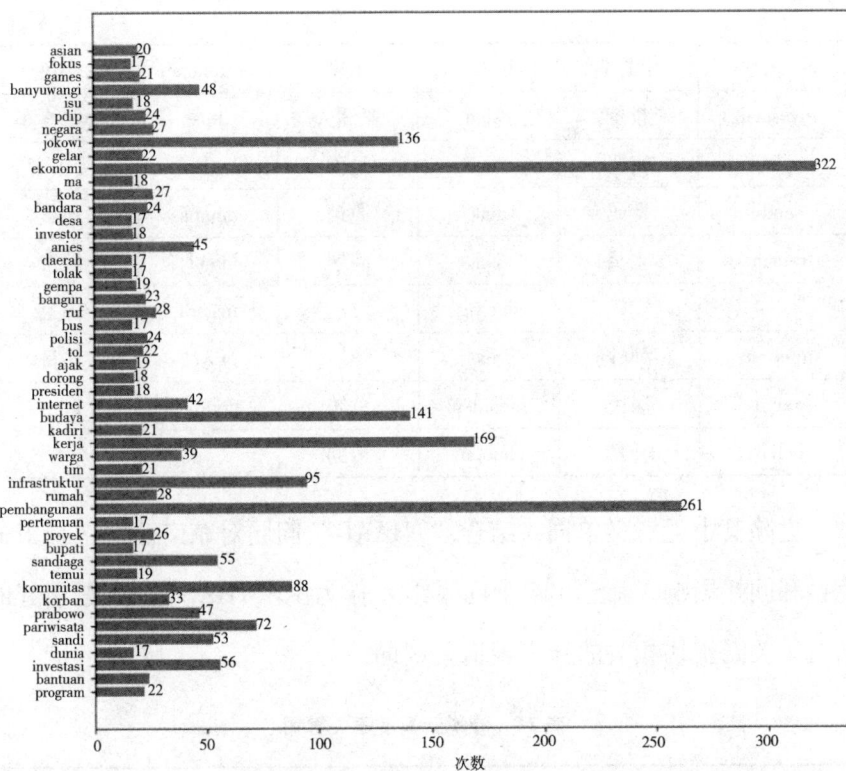

图 36 印尼直接涉华新闻关键词词频统计

其中包含的涉华新闻中，相关关键词对译如表23所示。

表 23 印尼直接涉华新闻关键词翻译

ekonomi	经济	bandara	机场	investor	投资者
pembangunan	发展	bangun	醒来	fokus	焦点
kerja	工作	tol	收费	bupati	摄政
budaya	文化	gelar	标题	tolak	拒绝
program	节目	dunia	世界	infrastruktur	基础设施
games	比赛	desa	村	komunitas	社区
tim	球队	daerah	面积		

pariwisata	旅游业	hadiri	出席	pertemuan	会议
investasi	投资	asian	亚洲人	bus	公共汽车
sandiaga	密码	temui	见面	korban	受害者
sandi	密码	ajak	邀请	gempa	地震
rumah	主页	isu	问题	kota	城市
anies	安妮	dorong	推	negara	国家
internet	互联网	ma	马	proyek	项目
warga	居民	presiden	总统	pdip	pdip
polisi	警察	bantuan	帮助		

去除其中无意义单词，结合"THAAD"问题对东南亚地区带来的直接和间接影响，筛选出 4 个词（组）作为由"THAAD"问题引起的与对华关系密切相关的新闻报道关键词。

表 24　涉华新闻搜索关键词

pembangunan infrastruktur	基础建设
pariwisata	旅游业
budaya	文化
cina	中国

根据以上词组在已采集的印尼语新闻集合中进行检索，设置规则只有同时存在至少两组词组时才算作由"THAAD"问题引起的涉华新闻。根据以上规则共检索出 634 条涉华新闻。

4. 建立词典

本研究一共建立了 3 个词典，包括情感词典（积极情感词和消极情感词）、否定词典和程度词典。一个足够大、覆盖面广的情感词典能够提高情感倾向性分析的准确度。将当前已有情感词汇资源进行总结和整理，结合新闻领域专用词汇，经过翻译及有针对性的增补、修改、删减后，构建了面向印尼语的情感词典。该词典收集了印尼语中常见的 1325 个消极词汇和 833 个积极词汇，每个积极词默认权值为 1，消极词默认权值为 −1。

表 25　情感词表（部分展示）

消极词		积极词	
salah	假的	pertama	第一
bisa	危险的	besar	伟大
kecil	小	baik	良好
berbeda	不同	berhasil	成功
biasa	普通	luas	全面
meninggal	死亡	terkenal	著名
masalah	问题	raja	王

否定词典中，选取了印尼语中使用频率最高的 6 个否定词。

表 26　否定词表（部分展示）

belum	还没有	bukan	不
tidak	不	jangan	不要这样做
tak	没有	non	非

程度词典中，参照英语的程度词典，结合印尼语词汇使用习惯，选取了常用的 20 个程度副词，并给定了对应的程度权值，如表 27 所示。

表 27　程度副词表

jarang	little	1.25	jadi	so	1.75
kurang	slightly	1.25	terlalu	too	1.75
sedikit	a little	1.25	sangat	very/extremely	2
hanya	just/only	1.25	benar – benar	really	2
cukup	enough	1.5	hampir	almost/nearly	2
sebaliknya	rather	1.5	amat	very/extremely	2
agak	rather	1.5	sepenuhnya	entirely	2.25
sebagai	as	1.5	tentu	absolutely	2.25
bahkan	even	1.75	penuh	completely	2.25
banyak	much/a lot	1.75	teliti	fully	2.25

5. 主题事件级情感倾向分析

　　基于新闻文本多元化的特点，先将新闻文本进行预处理。再根据预先编纂好的情感词典，进行情感信息和评价对象的抽取，设计并实现一个面向印尼语新闻文本的情感倾向性分析系统。在对文章进行情感倾向打分时，先对每篇文章进行分句，然后按照以下算法规则对句子打分，最终得出每句的分数，叠加形成一篇文章的情感分值。

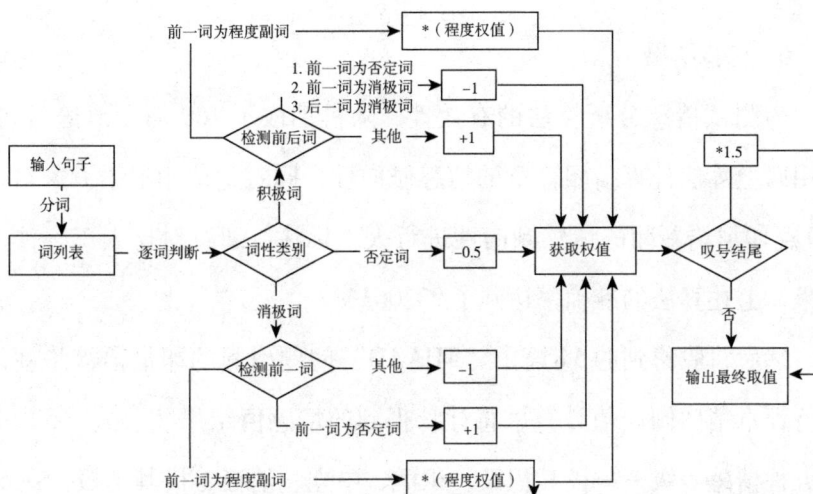

图 37 情感倾向打分算法

将情感倾向分值划分为两个参数（neg，pos）。neg 表示该句子或文章的消极倾向分值，pos 表示积极倾向分值。两个参数的初始值都为 0，两个参数相加得到最终得分。

图 38 2018 年印尼涉华新闻情感倾向打分示例

6. 实验结果

为测试情感分析算法的有效性，随机抽取了 100 篇印尼语新闻，使用以上算法计算新闻篇章的情感倾向性，同时邀请印尼语专家对这 100 篇印尼语新闻的情感倾向性进行人工标注。通过对比人工标注的结果，上述算法的准确率达到了 93.063%。

然后将收集到的 54 篇由"THAAD"问题引起的印尼语涉华新闻进行篇章情感倾向值计算，将计算得到的情感值结果按公式（5）分为五种情感等级——极其积极、积极、中立、消极、极其消极。在 54 篇新闻文本中，有 38 篇新闻呈现消极情感倾向，占比最高，为 70%；有 7% 的新闻没有明显的情感倾向性，即新闻的情感强度为 0；呈现极其消极情感倾向的文章共有 9 篇，占比达 17%。计算统计结果表明印尼官方媒体对韩国萨德事件的整体情绪趋向于消极，如图 39 所示。

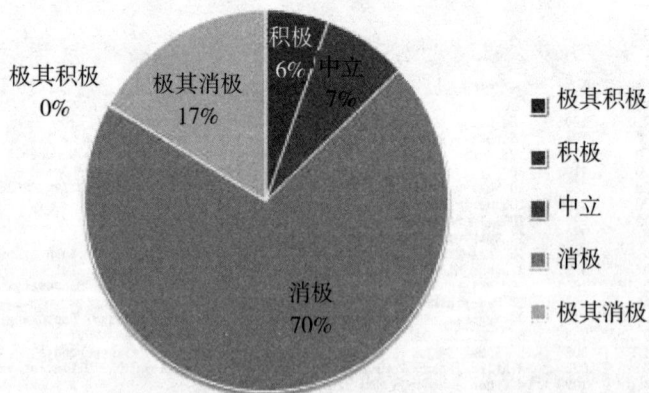

图39　情感极性分布

根据计算，得到了数据集的平均情感值及方差。对 54 篇新闻文本全部得分进行计算，得到平均情感值为 -6.6，方差为34.1，显示情感波动较大，即在不同时间段内情感倾向的差别比较悬殊。极值分别为 2 和 -30，极大值出现在 2013 年 4 月 4 日的新闻中，极小值出现在2017 年 4 月 18 日的新闻中。

（1）时序分析

为了更加全面及准确地研究新闻的情感走势，经过对每篇新闻情感值的统计分析，得到了从 2013 年 4 月 4 日至 2017 年 5 月 3 日每篇新闻的情感值，情感值时间序列走势图如图 40 所示。

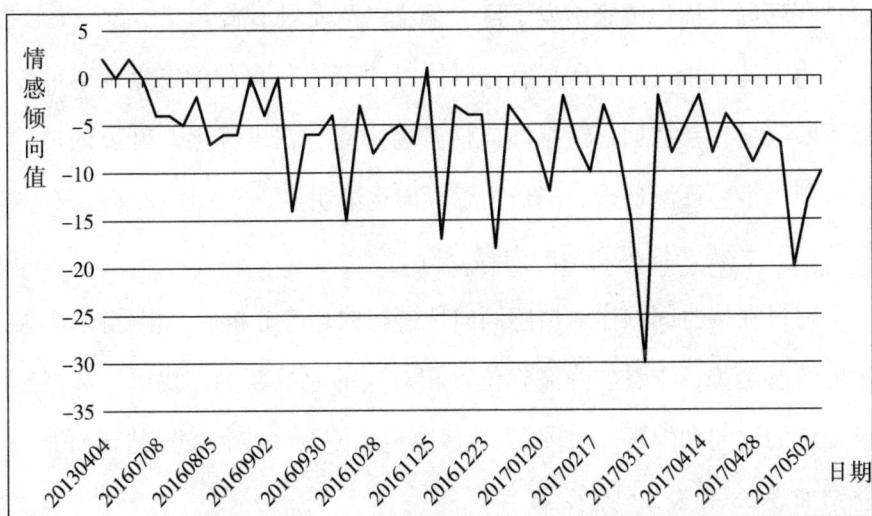

图 40 新闻情感值时间序列

如图 40 可知，印尼官方新闻媒体对于"萨德"一事的情感极性随着事件发生时间的增加而大致呈现降低趋势。经过统计发现，在早期（2013 年）发布的几篇新闻的情感值多为正向或中立，总体情感呈现积极趋势。经过对关键句的翻译及分析可以看出，在"萨德"系统尚未开始部署的 2013 年，关于萨德的新闻中，叙述的多为诸如"萨德"系统的"雷达探测范围大、导弹射程远，防护区域大"等内容，从而表现出了较为积极的情感倾向性。

通过情感倾向值走向分析可知，自 2016 年 7 月 8 日，韩国和美国正式宣布部署"萨德"系统以来，新闻中总情感倾向开始呈现消极趋势，但强度较低，且较为平稳。进入到 2017 年后，随着事件的不断发展，影响范围逐渐扩大，新闻情感波动开始增加，且总体呈现向更加消极甚至极其消极的方向发展，由此可见，随着事件的深入发展，该事件在韩国及周边国家引发了巨大争议以及强烈不满。

由上述分析可见，印尼官方媒体对"萨德"事件的态度随事件发展不断改变，在初期，情感倾向性较为中立，在事件逐渐升温的过程中，消极情感逐渐显现，消极情感倾向逐渐明显。

（2）积极、消极新闻的内容分析

通过在按时间顺序对情感倾向性进行的趋势分析后，根据图 37 显示的情感走势，查看波峰波谷位置相对应的原始新闻，找出引起情感值变化的语句和因素。对图 37 中情感走势的波峰波谷位置的新闻分析总结如表 28 和表 29 所示。

表 28 积极新闻内容分析

时间	波峰位置	翻译
2013. 4. 4	Departemen Pertahanan hari Rabu mengatakan akan mengerahkan Sistem Pertahanan Kawasan Tinggi Terminal（THAAD）dalam beberapa minggu yang akan datang.	国防部在周三说，它将在很快的几个星期内来完成部署高区域防御系统（THAAD）终端。

时间	波峰位置	翻译
2017. 3. 20	THAAD, yang disiagakan di wilayah Guam, Radar ini disebut – sebut mampu mendeteksi peluncuran rudal hingga jarak minimal 2.000 km.	THAAD, 驻扎在关岛的领土在关岛的美军。其雷达能够检测到至少 2000 公里距离的导弹发射。

通过表 28 可知，"萨德"事件之所以可以引起积极的情感，是因为其部署工作完成或得到了对"萨德"系统性能的正面评价，而并非"萨德"系统部署所造成的影响。从另一个角度分析可知，也正是由于"萨德"导弹防御系统威力强、覆盖范围过大，才引起了中国、韩国等国家的强烈抗议。

表 29 消极新闻内容分析

时间	波谷位置	翻译
2017. 2. 11	China mengusir 32 orang misionaris Korea Selatan di tengah ketegangan diplomatik antara kedua negara menyangkut rencana penggelaran sistem pertahanan rudal AS THAAD di Korea Selatan.	中国驱逐 32 名韩国传教士，这可能与部署美国导弹防御 THAAD 系统在韩国的计划有关，两国之间的外交紧张。
2017. 3. 1	Dan Rusia sepakat meningkatkan koordinasi mereka untuk melawan penyebaran sistem pertahanan rudal AS di Korea Selatan, kementerian luar negeri China mengatakan pada Rabu.	中国外交部周三表示，俄罗斯同意加强协调，对抗美国导弹防御系统在韩国的传播。
2017. 3. 6	Lotte Group Korea Selatan, Senin mengatakan lebih dari 10 toko ritel di China telah ditutup setelah inspeksi oleh otoritas, saat perusahaan konglomerat Seoul itu diprotes China karena menyediakan lahan untuk sistem pertahanan rudal AS.	中韩关系紧张，乐天称在华有 10 多家店面关闭。韩国抗议中方在乐天同意为美国导弹防御系统提供部署用地后遭到中方不公平对待。

续表

时间	波谷位置	翻译
2017.3.21	Negara apa yang saat ini paling dibenci rakyat Korea Selatan? Ternyata bukan seterunya Korea Utara atau bekas penjajah di masa lalu, Jepang.	如今，中国最讨厌的国家是韩国的原因。哪些国家是目前韩国最讨厌的呢？朝鲜对日本没有敌意。
2017.4.3	Hubungan Korsel China Memanas, Lotte Group Tetap Berinvestasi di China.	中韩局势日益紧张，乐天保持在中国的投资。
2017.4.18	Program Nuklir Korea Utara Bisa Ancam Australia Canberra Menteri Luar Negeri Australia, Julie Bishop, memperingatkan, program senjata nuklir Korea Utara menimbulkan " ancaman serius" terhadap Australia kecuali program itu dihentikan oleh masyarakat internasional.	朝鲜的核计划可能威胁到澳大利亚堪培拉，澳大利亚的外交部部长 Julie Bishop 警告说，朝鲜的核武器计划构成"严重威胁"

　　通过表 29 分析可知，"萨德"导弹防御系统引发了多个国家的抗议和不满，其中包括中国、俄罗斯甚至澳大利亚，使得上述国家与韩国的外交关系变得极为紧张。身为旁观者的印度尼西亚的官方新闻媒体也通过新闻表达了自己的态度，从中我们可以清晰地看出印尼对此事件的态度也持消极情感。

　　波谷位置多次出现了与韩国乐天集团有关的新闻。由此可知"萨德"部署对乐天集团造成了极为消极的影响。乐天为韩国第五大企业，中国是其最大的海外市场。乐天自 1994 年进入中国市场，已在24 个省市的食品、零售、旅游、石化、建设、金融等多个领域进行投资。如超市、咖啡店、影院等。据新闻中描述，"截止到韩国当地时间 3 月 8 日下午 4 时，共有 55 家在中国的乐天玛特超市暂停营业"。

这也致使韩国乐天公司股票一路下跌，对韩国经济造成了不利影响。

（3）新闻事件的主题领域分布情况

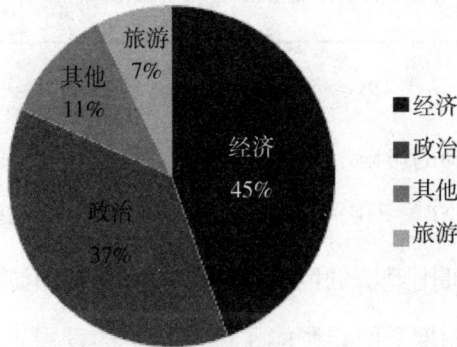

图41 新闻情感的主题领域分布情况

根据关键词及新闻来源将新闻数据集进行分类。分析结果发现，数据集内的新闻主要分布在经济、政治、旅游、宗教等领域。新闻情感的主题领域分布情况，及各主题领域涉及的主要关键句如表30、图38所示。

表30 各主题领域新闻关键句及翻译

时间	领域	关键句	翻译
2017.3.6	旅游	Kamis lalu saat kementerian pariwisata China menginstruksikan operator tur di Beijing untuk menghentikan penjualan perjalanan ke Korea Selatan dari 15 Maret.	上周四中国国家旅游局命令北京的旅游从业部门于3月15日后停止出售韩国旅游项目。
2017.5.2	经济	Akibatnya, Beijing memberlakukan sanksi ekonomi terhadap Korea Selatan termasuk membatalkan kedatangan para turis China ke negeri itu.	其结果表明，北京规定了对韩国的经济制裁，包括取消中国游客到该国的旅游。

续表

时间	领域	关键句	翻译
2017.4.18	政治	tempat pertempuran politik terbesar dunia.	这将是世界上最大的政治战争。

根据表30可知，"萨德"事件已对韩国政治、经济、文化等各方面产生了极为不利的影响。文中指出"3月，中国国家旅游局发文提示赴韩国旅游风险"，中国多家旅行社相继宣布停止销售赴韩游线路，随之而来的是对韩国经济的巨大影响。中国赴韩国游客减少直接影响乐天免税店销售额度，间接影响了韩国经济的发展。此外，印尼官方新闻媒体表示，"萨德"系统的部署将直接导致世界上最大的政治战争，反映了印尼官方媒体对此的看法和态度。

（4）新闻事件中涉及的主要国家的立场

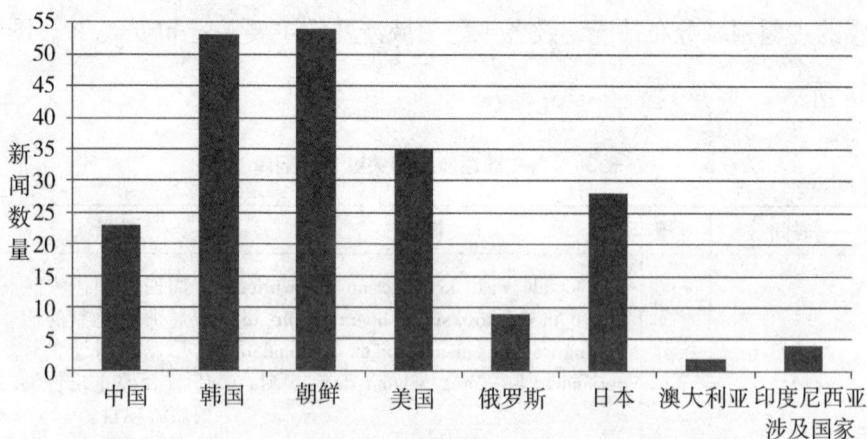

图42　新闻主要涉及国家分布情况

根据涉及国家将新闻数据集进行分类，涉及国家分布情况，及新闻中涉及的相关国家的主要关键句分析如图39、表31所示。

表 31　新闻涉及国家关键句分析

时间	国家	关键句	翻译
2017. 3. 6	印尼	Indonesia sebagai Honest Broker Six Party Talks yang menjadi salah satu mekanisme untuk mencari penyelesaian damai tentang program nuklir Korea Utara sejak 2008 tidak menunjukkan kemajuan yang berarti.	印尼是六方会谈的调解人，六方会谈是旨在和平解决朝鲜核问题的机制之一，自 2008 年之后没有显现出有意义的进展。
2017. 4. 27	中国	Yang juga marah atas kehadiran THAAD adalah China.	萨德的部署对中国造成了威胁。
2017. 4. 18	澳大利亚	Program Nuklir Korea Utara Bisa Ancam Australia Canberra MenteriLuar Negeri Australia, Julie Bishop.	朝鲜的核计划可能威胁到澳大利亚堪培拉。
2017. 3. 17	俄罗斯	Tetapi Cina dan Rusia menyebut tindakan Korsel itu provokatif dan menyatakan hal itu tidak perlu dilakukan.	中国和俄罗斯认为韩国的行为是具有挑衅性质的。
2017. 3. 6	日本	Jepang, sebagaimana dinyatakan CNN, menyiagakan jaringan sistem pertahanan peluru kendali penangkal di sekitar Tokyo.	日本有线电视新闻网说，导弹防御系统对东京来说是一个威胁警告。

　　由上述图 39、表 31 可知，"萨德"正式在韩国进行部署的决定不仅仅会对韩国造成多方面的不利影响，更将对周边国家尤其是中国的国家安全利益造成极大的威胁和损害。文中指出"目前美国除了在本土部署有 4 套'萨德'系统外，还在关岛部署了一套，并在日本部署了两座 X 波段雷达"。这表明"萨德"系统的覆盖范围已包含亚洲地

区，这将直接损害中国及其他相关国家的战略安全利益。部署"萨德"系统将导致全球战略平衡被打破。在包含"Rusia"（俄罗斯）关键词的新闻报道中指出，"俄罗斯国内绝大部分基地的军事演练、科技研究以及国防部署都将会受到美国的探测、监视，安全纵深将为之严重削减"。这表明"萨德"系统的部署会对俄罗斯的战略安全造成巨大威胁，中国和俄罗斯远东地区部署的战略战术导弹均将面临"威力贬值"的风险。在有关澳大利亚的相关新闻中，澳大利亚的外交部部长 Julie Bishop 发出警告称："朝鲜的核计划也可能威胁到澳大利亚堪培拉，其核武器计划构成严重威胁。"在包含"Cina"（中国）关键词的新闻中写道："这项决定将不利于缓和当前中韩两国之间紧张的外交局势，也会损害中国战略安全利益。"综上所述，"萨德"反导系统在朝鲜半岛的部署对中国、俄罗斯、澳大利亚等国家均会产生一定的不良影响，"萨德"系统的部署有可能会给其周边国家的战略安全利益造成损害，不利于半岛的和平与稳定。

7. 结论

通过分析印度尼西亚官方新闻媒体表现出的对"萨德"事件的情感倾向性，详细介绍了单语舆情情感分析的典型研究过程。此方法具有相当程度的普适性，对于研究其他国家的新闻报道有一定的借鉴和指导意义。

研究单语新闻篇章的情感倾向性，可以减少专业人员人工阅读并处理大量该语种新闻稿件的时间，提高工作效率，可以快速、准确地了解对象国官方新闻媒体对特定新闻事件的态度。把握对象国新闻记者对中国的理解视角，对企业、政府乃至国家探索提升海外形象的方法，都有一定的引导作用。对单语新闻文本的情感倾向性分析，取得了一定的成果，但是仍有一些可以在接下来的研究中继续完善的地方，主要包括以下几个方面。

（1）完善多语种情感词典的建立。编纂面向更多语种、覆盖更多领域的非通用语种情感词典。互联网上的信息包罗万象，情感词涉及不同知识领域。尤其是对于小语种的情感词，需考虑到小语种语言文字的特点，结合相应语种对情感词典进行动态的扩充和完善。另外，互联网中网络新词的不断涌现，非通用语言中也蕴含着一些具有国家特色的俗语、俚语等，其中一些词语会带有情感色彩，而这些词语还并未包含在现有的情感词典中，故情感词典仍需进一步完善才能更有助于情感倾向的判断。

（2）对搜集到的新闻文本尽可能按照话题进行聚类，如经济、政治、文化等，以更方便后期的情感分析及数据处理。

（3）对聚类后的新闻文本进行多文档摘要，将冗长的新闻文本进行简化处理。随着来自各种渠道的信息爆炸式地增长，如何有效地获取有价值的信息成为当前科学领域一个重点研究和讨论的问题。为了更准确更高效地处理海量信息，对多文本自动摘要技术的研究显得尤为重要，尤其是对小语种文本的多文本自动摘要技术的研究与实现。

（二）印尼涉华新闻情感倾向分析

印尼涉华新闻情感倾向分析工作，是以 2018 年印尼涉华新闻数据为基础，使用基于字典的情感分析方法，对 2018 年涉华新闻进行情感倾向打分，并研究影响 2018 年印尼涉华新闻情感倾向发生变化的原因。整个分析过程分为建立词典和结果展示与分析两个环节。

1. 建立词典

在建立停用词表过程中，构建了印尼语中较为常用的停用词表，共 372 个，这里做部分展示。

表 32　停用词表（部分展示）

ada	有	bagai	像	dahulu	前
adalah	是	bagaikan	像	dalam	在
adanya	存在	bagaimana	怎么样	dan	和
adapun	至于	bagaimanakah	如何	dapat	可以
agak	宁	bagaimanapun	然而	dari	从
agaknya	想必	bagi	为	daripada	比
agar	那	bagian	部分	datang	进来
akan	会的	bahkan	甚至	dekat	附近

2. 结果展示与分析

通过做爬取数据的全面分析后，最终得到 634 篇 2018 年发表的印尼涉华新闻。将这些新闻篇章根据信息情感倾向进行打分后，得到以下散点图（图 43）。

其中 x 轴为积极倾向分数，y 轴为消极倾向分数。红点表示积极倾向得分大于等于消极倾向得分的文章，其整体情感倾向表现为积极；蓝点表示为消极倾向得分大于积极倾向得分的文章，其整体情感倾向表现为消极。通过图 43 可以看出，2018 年印尼涉华新闻情感倾向分布较为均匀，其中积极倾向的文章略微多于消极倾向的。

通过对每月所有文章的积极情感倾向得分和消极情感倾向得分求和，然后再除以当月文章数量，得到 2018 年印尼涉华新闻月度情感倾

● pos文章 ● neg文章

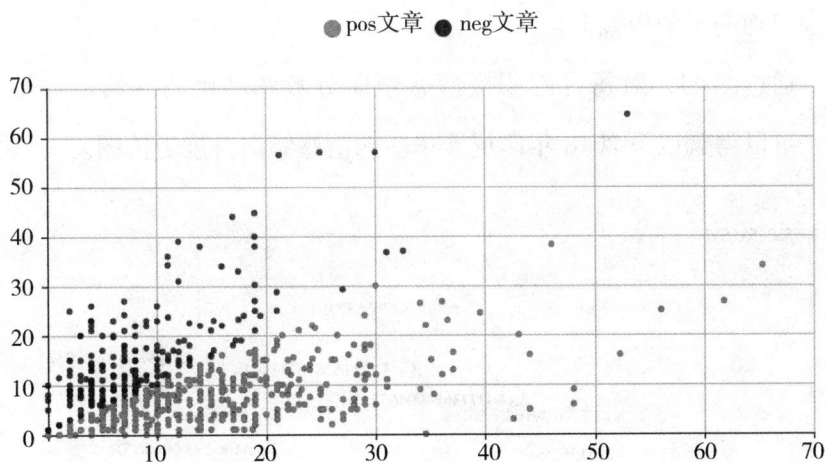

图43 2018 年印尼涉华新闻情感倾向分布图

向条形图。

■ 积极倾向 ■ 消极倾向

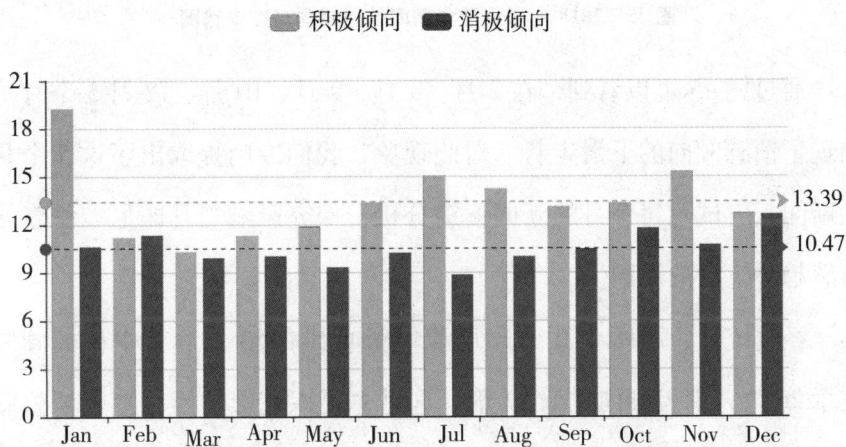

图44 2018 年印尼涉华新闻情感倾向月度得分图

图中浅色条柱表示每个月的积极倾向得分，深色条柱表示每个月的消极倾向得分。通过图 44 我们可以看出，2018 年印尼涉华新闻月均情感倾向中，除了 2 月消极倾向略微高于积极倾向外，其余月份积极倾向均高于消极倾向。

通过图44，对每月的积极情感倾向分数和消极情感倾向分数相加，可以得到以下2018年印尼涉华新闻情感倾向月度走势图。

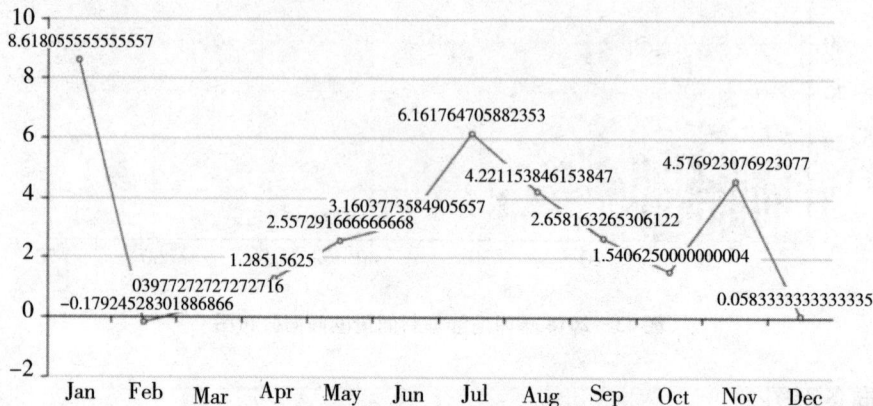

图45　2018年印尼涉华新闻情感倾向月度走势图

通过图45可以看到，在2月、8月、9月、10月、12月5个月均出现了情感倾向的下滑走势。对此现象，我们专门提取出了这5个月的新闻，尝试对每个月的新闻逐篇分析，探究影响当月印尼涉华新闻情感趋势下滑的原因。

经过统计，2018年2月印尼涉华新闻共有53篇。其中积极倾向文章26篇，消极倾向文章27篇。这里主要探究影响当月消极情感倾向的原因，因此主要调查呈现消极倾向的文章主题，尝试发现影响当月涉华新闻整体呈现消极倾向的因素。下面针对8月、9月、10月、12月的新闻分析也基于此展开。

通过对2月27篇消极倾向新闻逐篇翻译阅读，发现在2018年2月1日至2月19日期间，出现了连续9篇对"雅加达当地一间知名

'4play 酒吧'涉嫌卖淫"的系列报道，印尼旅游与文化部介入调查。

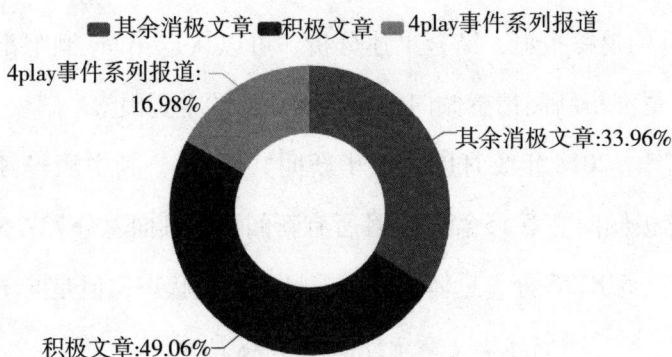

■其余消极文章 ■积极文章 ■4play事件系列报道

4play事件系列报道:
16.98%

其余消极文章:33.96%

积极文章:49.06%

图46　2018 年 2 月印尼涉华文章统计图

这 9 篇新闻的消极情感倾向得分非常高，占 2 月所有文章消极情感倾向得分总和的 30.12%（181/601），积极倾向得分只占所有文章积极倾向得分总和的 8.12%（48/591.5）。2 月所有文章情感倾向得分均值为 −0.18，该 9 篇文章得分均值为 −14.7。图 47 为当月涉华消极倾向新闻得分图，其中深色条柱为针对 4play 事件追踪报道的 9 篇新闻。

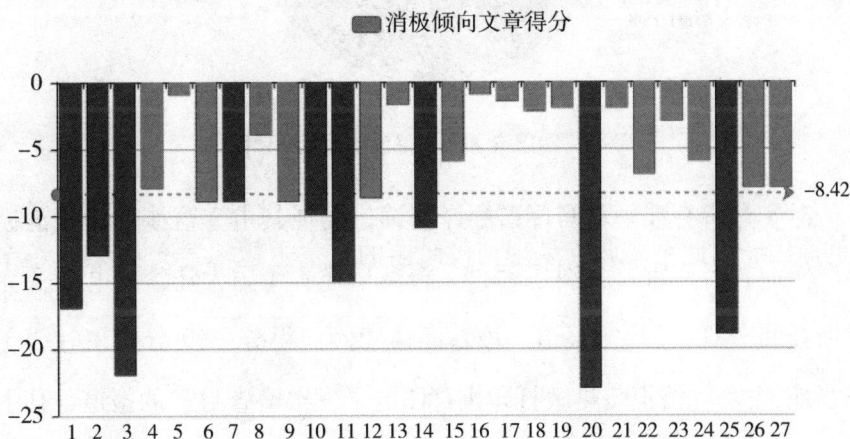

■消极倾向文章得分

−8.42

1 2 3 4 5 6 7 8 9 10 11 12 13 14 15 16 17 18 19 20 21 22 23 24 25 26 27

图47　2018 年 2 月印尼涉华消极倾向新闻得分

173

通过图 47 可以发现，2 月消极分数最高的前 9 篇文章都是针对 4play 事件的追踪报道，结合上述分析，可以认定 4play 酒吧事件为影响 2 月印尼涉华新闻情感倾向出现严重下滑的主要因素。

经统计，2018 年 8 月印尼涉华新闻共 52 篇，其中积极倾向文章 37 篇，消极倾向文章 15 篇。当月所有新闻积极倾向总分 737.5 分，消极倾向总分 518.25 分，总体情感倾向呈现积极状态，但是与 7 月相比出现下滑。8 月印尼涉华文章统计图如图 48 所示。

■ 消极文章 ■ 积极文章

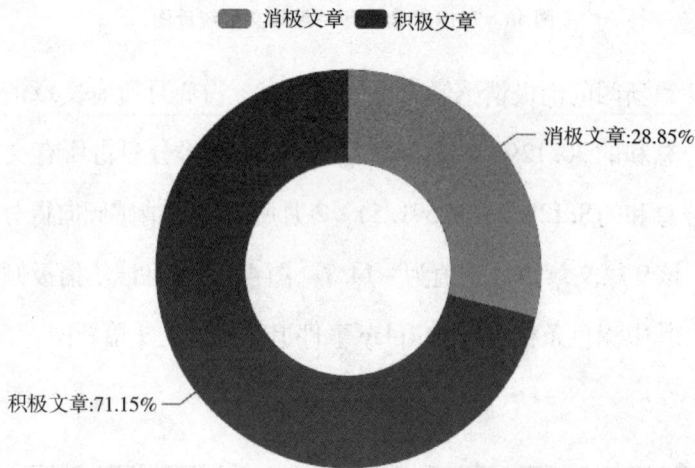

消极文章:28.85%

积极文章:71.15%

图 48　2018 年 8 月印尼涉华文章统计图

对 8 月所有涉华新闻逐篇翻译阅读，发现其中 2 篇涉华新闻消极情感倾向较为严重，分别是对"'台湾'谴责中国大陆禁播电影《克里斯托弗·罗宾》"的报道，该新闻情感倾向得分 – 19 分；和对"印尼当地 34 家餐馆拒装热敏打印机打印电子发票遭查封"的报道，其中多家餐馆由中国业主经营，该新闻情感倾向得分 – 24 分。同时，当月出现了 3 篇对"历史学家 JJ Rizal 谴责 Monas 考古团队成员构成"的报道，报道了印尼政府针对当地发掘的一处古迹组建考古队，遭到考古学家的强烈反对，影响到印尼当地旅游业。

这 5 篇新闻消极倾向分数占当月总消极分数的 19.3%（100/518.25），积极倾向分数占当月总积极分数的 4.88%（36/737.5）。当月所有文章情感倾向得分均值为 4.22，该 5 篇文章得分均值为 −12.8。图 49 为当月涉华消极倾向新闻得分图。

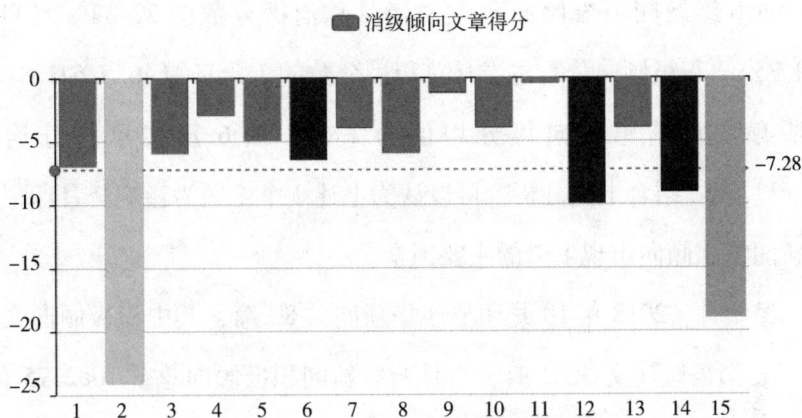

图 49　2018 年 8 月印尼涉华消极倾向新闻得分

图 49 中，最浅色条柱为"'台湾'谴责中国大陆禁播电影《克里斯托弗·罗宾》"报道，浅色条柱为"印尼当地 34 家餐馆拒装热敏打印机打印电子发票遭查封"报道，黑色条柱为"历史学家 JJ Rizal 谴责 Monas 考古团队成员构成"报道。结合上述分析，可以以上 3 条新闻为影响 8 月印尼涉华新闻情感倾向出现严重下滑的主要因素。

经统计，2018 年 9 月印尼涉华新闻共 49 篇，其中积极倾向文章 29 篇，消极倾向文章 20 篇。当月所有新闻积极倾向总分 641 分，消极倾向总分510.75分，总体情感倾向呈现积极状态，但是与上月相比出现下滑。

对9月所有涉华新闻逐篇翻译阅读，发现其中6篇涉华新闻消极情感倾向较为严重，分别是：5篇对"印尼当地一处考古遗迹发掘保护工作进展不利"的报道，遗迹中有古中国文化痕迹；1篇对"印尼国内某经济学家表达对国家经济政策的不满"的报道，影响到与中国的经济交流。

这6篇新闻消极倾向分数占当月总消极分数的22.32%（114/510.75），积极倾向分数占当月总积极分数的7.25%（46.5/641）。当月所有文章情感倾向得分均值为2.66，该6篇文章得分均值为－11.25。结合上述分析，可以认为上述2个主题为影响9月印尼涉华新闻情感倾向出现下滑的主要因素。

经统计，2018年10月印尼涉华新闻共80篇，其中积极倾向文章48篇，消极倾向文章32篇。当月所有新闻积极倾向总分1062.75分，消极倾向总分939.5分，总体情感倾向呈现积极状态，但是与上月相比出现下滑。

对10月所有涉华新闻逐篇翻译阅读，发现其中18篇涉华新闻消极情感倾向较为严重，分别是：3篇对"民众不满副总统任职期间对海外侵犯人权案件的处理结果"的报道，其中谈论到中国对海外华人华侨的帮助；10篇对"作家Ratna Sarumpaet涉嫌占用公款参加在智利举行的'女性剧作家国际会议'"的报道；5篇对"印尼某庆典活动上使用的烟花爆炸形成中国国旗的样式"的报道，据称该批烟花来自中国，该行为并未构成犯罪。

这 18 篇新闻消极倾向分数占当月总消极分数的 40.01%（376.25/939.5），积极倾向分数占当月总积极分数的 16.68%（177.25/1062.75）。当月所有文章情感倾向的分均值为 1.54，该 18 篇文章得分均值为 -11.06。结合上述分析，可以认为上述 3 个主题为影响 10 月印尼涉华新闻情感倾向出现下滑的主要因素。

经过统计，2018 年 12 月印尼涉华新闻共有 30 篇。其中积极倾向文章 20 篇，消极倾向文章 10 篇。对 12 月 10 篇消极倾向新闻逐篇翻译阅读，发现在 2018 年 12 月底，出现了 2 篇对"中国政府暴力镇压新疆维吾尔族人"的报道，新闻评论呈现负面情绪。

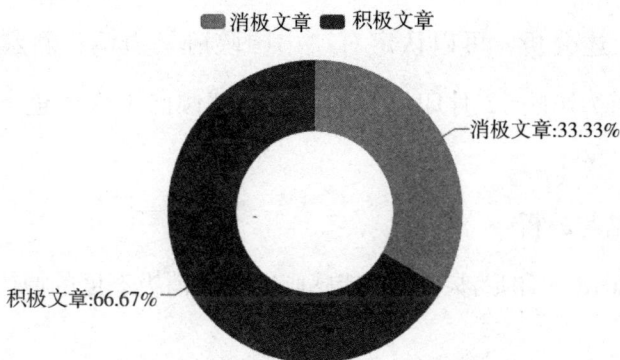

图50　2018 年 12 月印尼涉华文章统计图

这 2 篇新闻的消极情感倾向得分较高，占当月所有文章消极情感倾向得分总和的 17.05%（64.5/378.25），积极倾向得分只占所有文章积极倾向得分总和的 5.53%（21.25/380）。12 月所有文章情感倾向的分均值为 0.058，该 2 篇文章得分均值为 -21.625。图 51 为当月涉华消极倾向新闻得分图，其中浅色条柱为针对新疆报道的 2 篇新闻。

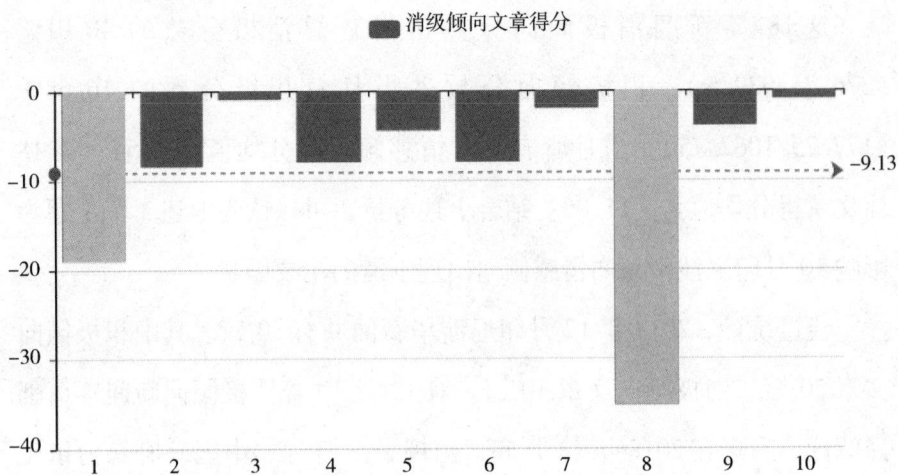

图51 2018年12月印尼涉华消极倾向新闻得分

结合上述分析，可以认定对"中国政府暴力镇压新疆维吾尔族人"的报道为影响12月印尼涉华新闻情感倾向出现严重下滑的主要因素。

3. 总结与分析

影响2018年印尼涉华新闻情感倾向呈现消极态度的原因主要有以下几个方面。

表33 负面涉华新闻影响因素

间接因素	直接因素
雅加达当地一间知名酒吧涉嫌卖淫——该酒吧中国游客偏多	"台湾"谴责中国大陆禁播电影
印尼34家餐馆拒装热敏打印机遭查封——部分业主是华人	"中国政府暴力镇压新疆维吾尔族人"
印尼考古遗迹发掘保护工作进展不利——影响旅游业	

续表

间接因素	直接因素
印尼国内某经济学家表达对国家经济政策的不满——影响与中国的经济交流	
民众不满副总统任职期间对海外侵犯人权案件的处理结果——对比中国对其公民的国际保护	
作家 Ratna Sarumpaet 涉嫌占用公款参加在智利举行的女性剧作家国际会议——引用中国反腐行动	
印尼某庆典活动上使用的烟花爆炸形成中国国旗的样式	

观察 2018 年印尼涉华负面新闻影响因素可以发现，直接影响涉华负面新闻的因素都是我国处理内部问题时在国际上引起的舆论，这一点对这个政府在处理内部事务之前，如何对有可能伴随产生的国际舆情做好铺垫具有一定的参考意义。而间接影响涉华负面新闻的因素中，大都是以对象国国内问题对比中国出现的情况，从中国的解决方法中寻求启发而得来。

上述分析过程，给出了典型的新闻篇章级情感倾向性分析法的应用方式，旨在为之后对其他语种新闻报道中的情感倾向性分析提供案例支撑。

（三）德国涉华新闻情感倾向分析

德国作为欧洲第一大经济体，不仅是中国一带一路倡议的重要合作伙伴，也是中国走出去战略在欧洲落地的重要支点。随着中国政治经济影响力的不断提升，涉华问题在德国网络媒体上出现的频度也逐年增加，这些报道中所蕴含的新闻事件的观察视角、新闻作者的评论态度，都会对其受众情绪有着直接或间接的引导或推动，进而将影响中国两大战略在欧洲的推进与成效。

鉴于前两个案例已经详细说明了基于单一语言的舆情倾向性分析的详细步骤，由于德语新闻中的话题提取、词频统计等工作与印尼语具有相同的技术思路和方法，故本节不再累述。本案例仅针对德语的一些特殊性做介绍，重点阐述与德语相关的新闻数据分类方法、情感分析算法，以及结果展示与分析部分的内容。

由于在计算情感倾向分值时，分值为正且越高，说明文本情感倾向越偏向积极、赞扬，反之则说明情感倾向越偏向消极、抨击。在德国民众使用最多的新闻网站明镜周刊（镜报）上爬取了自 2015 年 1 月 1 日至 2019 年 3 月 15 日共 254423 篇新闻报道，从中选取了 69 篇与中国两会相关的新闻，根据前文介绍的情感分析算法处理，得到情感倾向性为积极的报道 16 篇，中性 14 篇，消极 39 篇，总体来看，德国对中国两会的报道呈现负面情感倾向。

这期间，存在三个明显的波谷时段，2015 年的波谷，柴静指出的空气污染问题，和两会关于空气污染的说法；2018 年的波谷，习近平主席取消任期限制；2019 年的波谷，关于中国经济下行压力。一个明显的波峰是 2019 年初，中美贸易战谈判，中美均表示"谈判中走得更近了"。

由于目前并不存在完善的德语情感词库，在创建情感词库方面做了一定的基础性工作。该情感词库的内容，一部分来自英语相关词库的翻译结果，另一部分来自德语专业人士自身的多年经验总结得到。在未来可以通过进一步扩充词库来完善提高情感分析效果。

sentiment tendency

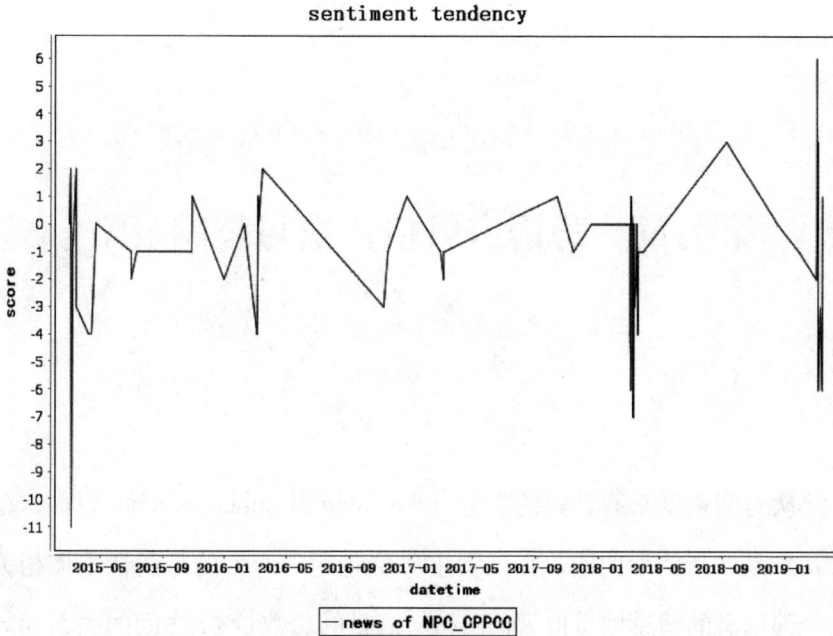

图 52　使用 Java 工具绘制的情感分析折线图

五、本章小结

对跨语言舆情传播的研究，首先要对单一语言中的舆情进行定性，然后再将不同语言间的情感倾向性进行对比，才能发现跨语言舆情传播的规律，以及有可能产生的语意漂移问题，因此深入开展单语舆情情感分析是研究跨语言舆情传播和控制策略的基础性工作。

本章重点分析了如何在单一语言中，通过情感词词典、停用词词典、否定词词典、程度副词词典等技术手段，实现对新闻报道中所蕴含的情感值的计算，从而为跨语言的情感倾向性对比提供技术支撑。

第七章　跨语言舆情传播与控制策略

从时间角度来看，舆情态势（the trend of public opinion，Tpo，记为 ρ ）是一条波形曲线，它反映了单位时间内产生的与舆情主体相关的全部信息的情感度量值 Em 之和与信息的总数量 Ct 之间的关系，同时受潜在受众群体的规模 $Scale$ 及感染者的人数 N 这两个条件的制约，即每个时刻点的舆情态势值可用如下公式计算：

$$\rho = \frac{\sum_{i=1}^{Ct} Em_i}{Ct} * \frac{N}{Scale}$$

其中，$Em_i \in [-1,1]$ ，值 1 代表纯正面舆情，0 代表中性舆情，-1 代表纯负面舆情，该值可以通过对信息中所蕴含的情感计算得出。这里的情感计算，将利用上一章讨论的单语舆情情感分析的方法。由于 Tpo 与 Scale 成反比，因此潜在受众的边界必须清晰。对于某一语种而言，其潜在受众群体即具备该语种阅读能力的全体网络用户。当仅需要做定性分析时，舆情态势的度量方法可简化为正向传播者占潜在受众群体的比重。

从事件发生的时间原点开始，随着与之相关的信息的转载、转发、评论等行为的推动，舆情不断升温，Ct 值不断提升。若大多数信息所蕴含的情感值集中于相同的方向，则会因积累而引发舆情事件，而 Tpo 是该舆情事件的度量标准。随着舆情的升温，Tpo 的值不断提升，达到峰值后，会随着舆情逐渐恢复平静而下降，当然这其中也将有可能出现若干次反复。

为了更好地应用舆情传播动力学理论说明舆情态势发展的规律，进而预测舆情在不同语种中跨越式传播的关键问题，本章首先分析了舆情控制策略应用的时机和必要性，然后考虑一个语种内部的负面舆情传播控制策略，再推广到跨语言背景下的防控策略。

一、问题的提出

对于一个舆情事件来说，只有当其负面情绪积累（$\sum_{i=1}^{Ct} Em_i$）超过某一阈值（记为 THR_{min}）后，才需要关注其对受众产生的影响。不同的事件针对不同的相关群体，由于群体的不同，所引起的舆情态势也不一样。例如，一个事件只涉及某一特定的规模很小的群体的利益，只有这个群体中的个体能够产生共情，即便在该群体中有着严重的负面情绪宣泄，一般也不会引起大规模的舆情态势。这一结论与生活中常识相吻合，因为主流价值观会把这部分群体视为极端主义者，而不会引起同情心。譬如说各个国家对邪教、恐怖主义的打击，一般都不会有负面舆情的产生。

同样，对于任何一个舆情事件来说，都不可能使舆论场中所有的感知者都成为该舆情的正向传播者，一般来说，当 $\sum_{i=1}^{Ct} Em_i$ 接近某一阈值（THR$_{max}$）后，由于群体利益的不同，已经很难将免疫者转化成正向传播者。过度的激进情绪，即 Em_i 超出了其他利益群体的容忍度，可能会引发逆向传播者的出现，甚至有可能将一部分正向传播者转化成免疫者，进而影响舆情态势的走向。

由此可见，对于舆情管控者而言，对舆情的掌控主要关注的是如何对超过 THR$_{min}$ 值的事件进行干预；对于舆情推动者而言，努力的目标是促使 $\sum_{i=1}^{Ct} Em_i$ 接近 THR$_{max}$ 值。同时，舆情管控者也没有必要穷尽手段将 $\sum_{i=1}^{Ct} Em_i$ 值无限压低，"防民之口甚于防川"，失当的控制手段有可能引起新的舆情的出现，因此既不可能也无必要让利益受损者永不发声。

二、单语种负面舆情控制策略

基于单语种的负面舆情控制策略，与跨语言舆情控制策略具有相同的理论基础。为简单起见，本节通过对单一语种情形下的讨论，来构建舆情控制策略的理论基础。

舆情控制一般是在 $\sum_{i=1}^{Ct} Em_i$ 超过阈值 THR$_{min}$ 后，才开始实施的。常用控制策略包括突击式干预、实时性干预和意见领袖引导等方式。

（一）舆情控制效果衡量

设 $N(0)$ 表示舆情管控者实施干预时已经受影响的人数，$\rho(t)$ 表示

t 时刻的舆情态势。当舆情管控开始时，舆情态势为 $\rho(0) =$

$\dfrac{\sum_{i=1}^{Ct} Em_i}{Ct} * \dfrac{N(0)}{Scale}$。若无舆情控制行为而任由舆情发展，则 $\rho(t)$ 会随

着 t 的增加而变大。根据动力学理论，舆情态势的变化量 $\dfrac{d\rho(t)}{dt}$ 与此时

的 $\rho(t)$ 之比，为一个负常数 $-K$，这里的 K 称为管控速率。由此得出

一级速率过程动力学微分方程：

$$\frac{d\rho(t)}{dt} = -K\rho(t)$$

该微分方程的解析解为 $\rho(t) = \rho(0)e^{-Kt}$。由此可见，对于固定管

控速率 K 来说，管控效果由初始舆情态势 $\rho(0)$ 决定，随着时间的增

大，舆情态势迅速趋于平稳，最终接近于0。

设达到阈值 THR_{min} 时刻 t_{min} 的舆情态势为 $\rho(min)$，当 $\rho(t) =$

$\rho(min)$ 时，即 $\rho(0)e^{-Kt} = \rho(min)$，可求得 t 的解为：$t_{min} = -K$

$\dfrac{log\rho(min)}{log\rho(0)}$。这说明在常数管控速率 K 的作用下，经过 t_{min} 时间后，该

负面舆情就低于警戒值了。同时可知，在 t_{min} 的表达式中，当 $\rho(0)$ 越

大时，负面舆情被控制住的时间 t_{min} 就越长，所以负面舆情应该越早

控制越好，最好是在舆情态势还未被普通人感知出来时就开始实施

管控。

当舆情传播影响面还不是很大的情况下，即舆情态势仍然处于可

控状态时，舆情控制行动开始后，$\rho(t)$ 越大时，单位时间内舆情管控

效果就越好。若开始实施管控的时间太晚，甚至舆情态势接近顶峰值

THR_{max} 时，单位时间内舆情态势的缓解，管控速率将会保持一个常量值 K。由此得出零级速率过程动力学微分方程：

$$\frac{d\rho(t)}{dt} = -K$$

该微分方程的解析解 $\rho(t) = \rho(0) - Kt$ 是一个线性方程。随着舆情态势 $\rho(t)$ 的值不断降低，零级速率过程动力学微分方程的失真度就会增大，此时可更换为一级速率过程动力学微分方程来描述舆情管控效果。

除初始舆情态势值很大时使用零级速率过程，以及初始舆情态势值很小使用一级速率过程之外，对于一般情况可使用 Michaelis – Menten 微分方程 $\frac{d\rho(t)}{dt} = \frac{V * \rho(t)}{W + \rho(t)}$ 来描述舆情态势。由于当舆情态势 $\rho(t)$ 较大时，可用常数 V 来逼近 $\frac{V * \rho(t)}{W + \rho(t)}$，那么就可以退化成零级速率过程动力学微分方程。当舆情态势 $\rho(t)$ 较小时，可用常数 $\frac{V * \rho(t)}{W}$ 来逼近 $\frac{V * \rho(t)}{W + \rho(t)}$，此时令 $-K = \frac{V}{W}$ 便退化成一级速率过程动力学微分方程。但是，由于求解非线性 Michaelis – Menten 方程的解析解难度较大，因此在实践中经常使用线性微分方程来代替，生物和医学等领域的长期实践表明，这样的做法有较好的逼真度。

（二）突击式干预效果分析

由于人力、物力等各方面条件的制约，管控者无法对所有舆情都进行实时管控，因而对大部分舆情事件来说，管理更倾向于使用突击式干预的手段实施。也就是说，管理者面对众多舆情事件时，只针对负面情绪积累超过阈值 THR_{min} 并且 $\rho(t)$ 值排名靠前的那些进行管控。待到被管控舆情的 $\rho(t)$ 值降到 THR_{min} 以下时，就再转向其他 $\rho(t)$ 值高的舆情事件进行处理，这样做有着最高的管控效率。为分析突击式干预的效果，假设管控工作在初始舆情态势值还较小时便启动，因此可采用一级速率过程动力学微分方程来描述舆情态势 $\rho(t)$ 的动力学模型：

$$\frac{d\rho(t)}{dt} = -K\rho(t) \text{ 当 } (n-1)*T < t < n*T，且 n = 1,2,\cdots \text{ 时}$$

$$\rho(n*T^+) = \rho(n*T^-) + \frac{N(n)}{Scale} \text{ 当 } t = n*T，且 n = 1,2,\cdots \text{ 时}$$

$$\rho(t_0^+) = \frac{N(0)}{Scale} = \rho(t) \text{ 当 } t = n*T，且 n = 0 \text{ 时}$$

以上模型中的 T 表示每次突击式干预的持续时间。在实际场景中，每次干预的时间长度既可以前后一致也可以不一致。对于持续时间不一致的情况，模型比以上的相对复杂，但是其解析解与持续时间一致类似，对分析结果无实质性影响，为简单起见，假定每次突击式干预的持续时间前后一致。$N(n)$ 表示第 n 次干预开始时，新增的感染者人数，为简单起见，假定各个 $N(n)$ 也是相同的且等于 $N(0)$。T^+ 表示比 T 大但逼近 T 的数，T^- 表示比 T 小但逼近 T 的数，$t_0 = t = 0$ 且 t_0^+ 表示比 t_0 大但逼近 t_0 的数。

同时，对每个给定的舆情事件，当某感染者由于在管控措施的帮助下对舆情事件不再支持，也不再传播该事件信息，但是其仍然可能会成为其他舆情事件的传播者。所以，模型中描述的舆情态势并不仅仅限于某个固定的舆情事件，而是所有感染者占潜在受众群体的比例。

对上述方程，在区间 $(n-1)*T < t < n*T$ 内求解后，便得到：

$$\rho(t) = \rho((n-1)*T^+) * e^{-K*(t-(n-1)*T)}$$

故有

$$\rho(n*T) = \rho((n-1)*T^+) * e^{-K*T}$$

由于在第 n 次干预开始时，又新增了 $N(n)$ 个感染者，所以

$$\rho(n*T^+) = \rho((n-1)*T^+) * e^{-K*T} + \frac{N(n)}{Scale}$$

若记 $X(n) = \rho(n*T^+)$ ，则有下面的差分方程：

$$X(n) = X(n-1) * e^{-K*T} + \frac{N(n)}{Scale}$$

因此，上述微分方程的全局稳定周期解是：

$$\rho(t) = X^* * e^{-K*(t-(n-1)*T)} , 当 (n-1)*T < t < n*T 时$$

其中

$$X^* = \frac{\rho(0)}{1 - e^{-K*T}} = \frac{\frac{N(0)}{Scale}}{1 - e^{-K*T}}$$

通过对舆情态势 $\rho(t)$ 解析式的分析可以得知，每次干预开始时，由于 $t = (n-1)*T$ ，舆情态势都达到最大值 X^* ，每次干预结束时 $t = n*T$ ，若除去新的感染者，那么舆情态势就达到了最小值 $X^* * e^{-K*T}$ 。从而，只要把握好突击式干预的力度和频率，总可以将这段时间内产生的负面舆情控制在一定范围内。进一步分析结果，可以得到如下有价值的启发。

如果舆情态势的最大值 $X^* = \dfrac{\rho(0)}{1 - e^{-K*T}}$ 未超过危害值 $\rho(min)$，即

$\dfrac{\dfrac{N(0)}{Scale}}{1 - e^{-K*T}} \leqslant \rho(min)$，则始终不会遭受负面舆情之害。而要达到此目标，

可以从以下四个方面进行防控，假定公式中的参数都为常数。

（1）初始感染者 $N(0)$ 不超过 $Scale * (1 - e^{-K*T}) * \rho(min)$；

（2）潜在受众群体人数 $Scale$ 大于 $\dfrac{N(0)}{\dfrac{\rho(min)}{1 - e^{-K*T}}}$；

（3）管控速率 K 大于 $\dfrac{\log \dfrac{N(0)}{N(0) - Scale * \rho(min)}}{T}$；

（4）每次干预的持续时间 T 大于 $\dfrac{\log \dfrac{N(0)}{N(0) - Scale * \rho(min)}}{K}$。

其中第四个方面的结论似乎与常识相悖，即在其他参数固定不变的前提下，突击式干预不宜过于频繁，否则效果反而不好。这是由于开始干预后，舆情态势的值会以曲线 $\rho(t) = \rho(0)e^{-Kt}$ 的方式而降低，持续时间越长 t 越大，该值降低的速度也就越快，所以频繁而短暂的突击式干预反而会事与愿违。

类似地，如果突击式干预过程中，舆情态势的最小值 $X^* * e^{-K*T}$

始终都大于危害值 $\rho(min)$，即，$\dfrac{\dfrac{N(0)}{Scale}}{1 - e^{-K*T}} * e^{-K*T} \geqslant \rho(min)$，则将永远遭受负面舆情之苦，具体来说包括如下四种情况，假定式中的参数

都为常数。

（1）初始感染者 $N(0)$ 大于 $Scale * e^{-K*T} * (1 - e^{-K*T}) * \rho(min)$ ；

（2）潜在受众群体人数 $Scale$ 不大于 $\dfrac{\dfrac{N(0)}{\rho(min)}}{1 - e^{-K*T}} * e^{-K*T}$ ；

（3）管控速率 K 小于 $\dfrac{\log\left(1 + \dfrac{N(0)}{Scale * \rho(min)}\right)}{T}$ ；

（4）每次干预的持续时间 T 小于 $\dfrac{\log\left(1 + \dfrac{N(0)}{Scale * \rho(min)}\right)}{K}$ 。

其中第一个方面说明干预的切入时机不宜过迟。第三个方面说明，管控手段至关重要，手段不当则将大幅度减小管控速率 K 的值，舆情管控工作是一项专业性非常强的技术性岗位。

（三）实时性干预效果分析

与突击式舆情干预策略相对应，由于部分类型的邀请事件涉及社会民生或者国家安全，因此需要对其进行持续性监控与干预。实施实时性舆情干预，则在一个干预时间段 T 内，管控速率 K 会保持恒定，且在干预期间，总的舆情态势 $\rho(t) = \dfrac{N(t)}{Scale}$ 是以均匀的速度 V = $\dfrac{N(t)}{Scale * T}$ 释放出来的，即新的感染者人数是等速增加的，此时舆情态势 $\rho(t)$ 的动力学模型为：

$$\frac{d\rho(t)}{dt} = V - K\rho(t)$$

其中 $\rho(0)$ 表示初始 $t=0$ 时刻的舆情态势。

该方程的解析解为 $\rho(t) = \dfrac{V}{K} + \left(\rho(0) - \dfrac{V}{K}\right) * e^{-Kt}$

因此在 V 保持恒定的前提下，当 $t \to \infty$ 时，舆情态势 ρ（t）将从最大值 $\dfrac{V}{K} + \left(\rho(0) - \dfrac{V}{K}\right)$ 逐渐减小，并最终趋于常数 $\dfrac{V}{K}$。进一步分析结果，可以得到如下有价值的启发。

（1）如果 $\dfrac{V}{K} > \rho(min)$，那么舆情态势永远超过危害值，则舆情将始终无法控制住，除非想法增大管控速率 K，或降低感染者人数增加的速度；

（2）如果 $\dfrac{V}{K} < \rho(min)$，那么根据方程 $\rho(t) = \rho(min)$（危害密度值），即 $\dfrac{V}{K} + \left(\rho(0) - \dfrac{V}{K}\right) * e^{-Kt} = \rho(min)$，可求得 t 的解值为：$t_{min} =$

$$\dfrac{\log\left(\dfrac{\rho(0) - \dfrac{V}{K}}{\rho(min) - \dfrac{V}{K}}\right)}{K}$$。因此经过 t_{min} 时间后，被管控舆情的 $\rho(t)$ 值降到 THR_{min} 以下，说明该舆情已被有效控制。

（四）意见领袖引导效果分析

网络中意见领袖发表言论引导舆情的走向，是一种常用的舆情管控方法。网络意见领袖是指在互联网络中经常为他人提供信息，同时对他人施加影响的活跃分子，他们在大众传播效果的形成过程中起着重要的中介或过滤的作用，由他们将信息扩散给受众，受众会更加容易接受。

在社交网络中，意见领袖往往就是大 V，即拥有众多关注者或追随者的社交网络用户。对于一个社会团体而言，意见领袖往往是该团体的核心成员或者团队的领导者。所谓意见领袖引导，就是首先选定符合意见领袖的一组核心人物，争取他们对舆情管控目标的认可，然后由他们发声去影响他们所拥有的众多追随者，然后再由这些追随者去影响身边的人。

为使讨论的前提更加符合实际情况，假定并非所有的意见领袖都认同舆情管控目标，甚至有可能部分意见领袖反其道而行之，成为逆向传播者。设 $\rho_v(t)$ 为 t 时刻意见领袖群体中的舆情态势，K_v 为管控者在意见领袖群体中实施的管控速率，则在意见领袖群体中的舆情态势满足下述动力学模型：

$$\frac{d\rho_v(t)}{dt} = -K_v * \rho_v(t)$$

它的解析解为

$$\rho_v(t) = \rho_v(0) * e^{-K_v t}$$

在对意见领袖群体中进行舆情管控后，再由意见领袖去影响普通受众。设普通受众的管控速率为 K，在 t 时刻普通受众中的舆情态势为 $\rho(t)$，则普通受众中的舆情态势满足如下动力学模型：

$$\frac{d\rho(t)}{dt} = K_v * \rho_v(t) - K\rho(t) = K_v * \rho_v(0) * e^{-K_v t} - K\rho(t)$$

它的解析解为

$$\rho(t) = \frac{K_v * \rho_v(0) * (e^{-Kt} - e^{-K_v t})}{K_v - K}$$

通过对 $\rho_v(t)$ 和 $\rho(t)$ 解析解的分析和对解的进一步推导，可以得出以下三个方面的结论。

（1）通过意见领袖进行引导式舆情管控，一般分为两个阶段。在首阶段中需要对意见领袖进行选择。如果选定的意见领袖不认同舆情管控的目标，不愿意参与管控工作，相当于 $K_v = 0$，从而导致舆情管控的目标没能施加到意见领袖的追随者身上，则管控速率 $K = 0$，舆情干预失败。如果选定的意见领袖都认同舆情管控的目标并积极参与，舆情管控效果就会很好，则 K_v 的值就会很大，从而不但意见领袖群体中的舆情态势 $\rho_v(t)$ 会迅速趋于 0，而且随着众多意见领袖向追随者进行正向引导时，普通受众的管控速率 K 也会较大，从而普通受众的舆情态势 $\rho(t) = \dfrac{K_v * \rho_v(0) * (e^{-Kt} - e^{-K_v t})}{K_v - K}$ 也会很快趋于 0。大多数情况下，在实际生活中一般有 $K_v > K$。

（2）单从描述普通受众的舆情态势 $\rho(t) = \dfrac{K_v * \rho_v(0) * (e^{-Kt} - e^{-K_v t})}{K_v - K}$ 可以看出，解析解展现了一个先扬后抑的过程。当舆情管控开始时，由于首阶段只对意见领袖进行舆情管控，尚未对普通受众施加影响，所以舆情态势值会继续上升，直至对意见领袖的管控阶段结束时，普通受众的舆情态势值将达到顶峰，随后意见领袖开始对其追随者施加影响，此时舆情态势值将开始展现迅速下降直到逼近 0 的过程。在首阶段对意见领袖的选择中，对舆情管控明白认同者越多，向普通受众施加影响的力量就越大，即管控速率 K 的值就越大，普通受众舆情态势值下降的速度就越快。

（3）一般来说，意见领袖的人数占总受众群体的比例不大，因此可以将总受众群体中的舆情态势简化为普通受众群体中的舆情态势，并可使用方程 $\rho(t) = \dfrac{K_v * \rho_v(0) * (e^{-Kt} - e^{-K_v t})}{K_v - K} = \rho(min)$ 来描述舆情态势值降到安全阈值 THR_{min} 以下的时间。对方程求解可得关于 t 的两个解，其中一个解所在的区间位于舆情态势达到高峰之前的第一阶段，此时尚未开始对普通受众进行舆情管控，因此不符合要求。另一个解所在的区间位于舆情态势达到高峰之后，才是符合实际情况的解 t_{min}，该时间之后，舆情态势的值将低于 $\rho(min)$，即舆情已被有效管控。

意见领袖作为引导式舆情管控的核心节点，高效与正确的选择对管控的效率和效果影响显著。意见领袖的选择需要考虑影响力、一致度等方面，只有将这些方面进行有效的量化，才能关键时期增强舆情管控的效果。对此，我们将在下一章进行专门的讨论。

（五）复合式干预效果分析

复合式舆情管控是指将突击式干预与意见领袖引导相结合的舆情管控方法，就是不时地开展突击式干预，而每次干预都采用意见领袖引导的方法。为分析复合式干预的效果，令 $\rho_v(t)$ 表示意见领袖的舆情态势，K_v 是意见领袖的管控速率，T 是每次运动的持续时间，T^+ 表示大于 T 但趋于 T 的数，0^+ 表示大于 0 但趋于 0，T^- 表示小于 T 但趋于 T 的数，$\rho(t)$ 表示普通受众的舆情态势，K 表示普通受众的管控速率。则复合式干预的舆情态势动力学模型为：

$$\frac{d\rho_v(t)}{dt} = -K_v * \rho_v(t) \quad \text{当} (n-1) * T < t < n * T, \text{且} n = 1, 2, \cdots \text{时}$$

$$\rho_v(n * T^+) = \rho_v(n * T^-) + \rho_v(0^+) \quad \text{当} t = n * T, \text{且} n = 1, 2, \cdots \text{时}$$

$$\rho_v(0^+) = \rho_v(0) \quad \text{当} t = n * T, \text{且} n = 0 \text{时}$$

其全局稳定解为：

$$\rho_v(t) = X^* * e^{-K_v * (t - (n-1) * T)} \quad \text{当} (n-1) * T < t < n * T \text{时}$$

其中

$$X^* = \frac{\rho_v(0)}{1 - e^{-K_v * T}}$$

将此解代入方程

$$\frac{d\rho(t)}{dt} = K_v * \rho_v(t) - K\rho(t)$$

可得非齐次周期方程：

$$\frac{d\rho(t)}{dt} = K_v * \rho_v(t) - K\rho(t) = K_v * X^* * e^{-K_v * (t - (n-1) * T)} - K\rho(t)$$

此方程的稳定性周期解及解析式可以很好地描述复合式干预下的舆情走势效果。

三、跨语言负面舆情控制策略

上一节讨论了单一语种内部的负面舆情传播控制策略，并对不同舆情干预手段下舆情走势的效果进行了理论分析。在跨国交流日趋频繁的现实世界中，舆情大多不会只在某一语种的语言的内部进行传播，在一定程度上存在着跨语言传播的可能性。因此在单一语言的研究成果基础上，有必要继续开展对跨语言的舆情控制理论的研究工作。同时考虑到，舆情从一种语言向另一种语言的传播，存在随机性的同时也存在必然性，本节借助经典的传染病 SIR 模型来讨论跨语言舆情传播的基本规律，并在上一节的基础上建立跨语言舆情的控制模型。

（一）SIR 模型

SIR 模型是一种传播模型，是信息传播过程的抽象描述。SIR 模型是传染病模型中最经典、最基本的模型，为传染病动力学的研究做出了奠基性的贡献。模型中把传染病流行范围内的人群分成三类：S 类为易感者（Susceptible），指未得病者，但缺乏免疫能力，与感病者接触后容易受到感染；I 类为感病者（Infective），指染上传染病的人，它可以传播给 S 类成员；R 类为移出者（Removal），指被隔离，或因病愈而具有免疫力的人。

SIR 模型的建立基于以下三个假设：

（1）不考虑人口的出生、死亡、流动等种群动力因素，人口始终保持一个常数。

（2）一个病人一旦与易感者接触就必然具有一定的传染力。

（3）在 t 时刻，单位时间内从染病者中移出的人数与病人数量成正比。

SIR 模型的不足之处在于对人群的分类不够细致，没有明确考虑隔离的因素。而现实中对疑似病人的隔离是控制疫情传播的有效手段。模型没有引入反馈机制，在预测过程中，单纯依据已有数据预测未来较长一段时间的数据，必然会使准确度降低。此外，微分方程组求解较为困难，且对初值比较敏感，这对模型的稳健性是一个很大的影响。

SIR 模型在信息传播的研究领域有广泛的应用，在该领域中，SIR 模型可以描述如下。最初，所有的节点都处于易感染状态，对应个体不知道信息的情况。然后部分节点接触到此信息，变为感染状态。这些节点试着感染处于易感染态的节点，或者进入恢复状态。感染一个节点，即传递信息或者影响节点对某事的态度。恢复状态，即免疫，处于恢复状态的节点不再参与信息的传播。

（二）跨语言舆情传播模型

如果一个传播者具备复语表达能力，则有可能将新闻事件由原始传播语言转换成其他语言形成跨语言的传播行为，促进该事件跨语言传播现象的出现。对于同一新闻事件来说，正向传播者和逆向传播者的传播行为对该事件情感倾向的贡献是相反的。通过对跨语言舆情传播的定义和以上分析，可以得出如下结论。

首先，出现了跨语言传播现象一定是由于传播过程中存在复语传播者，但是反过来说，传播者具备复语能力并不一定会发生跨语言传播现象。

其次，正向传播者参与跨语言的信息传播，可以在国际范围内引起对该新闻事件的关注，获得更多的道义支持，从而产生对舆情的正面影响。

但是，如果跨语言传播过程只有逆向传播者参与，或者虽有正向传播者的参与但是势单力薄或影响力不足，则必然会产生语意漂移现象，从而产生对舆情的负面影响。

为更好地说明跨语言舆情传播模型的工作机制，做如下定义。

定义1：复语值。传播者的复语值是其自身复语能力的客观表达，是一个多维向量，记为 L。如果描述传播者对 n 种语言的复语能力，则 L 是一个 n 维向量，其每个维度 L_i（$i = 1, 2, \cdots\cdots, n$）的值取 0 或 1，1 代表传播者具备对该语言的驾驭能力，0 代表不具备利用该语言进行信息传播的能力。

传播者按照其复语值可以分为单语传播者和复语传播者。单语传播者满足条件 $\sum_{i=0}^{n} L_i = 1$，即 n 个维度中有且仅有一个维度的值为 1，表示只能驾驭这一种语言。复语传播者满足条件 $\sum_{i=0}^{n} L_i > 1$，即均有多个语言的驾驭能力，其与复语阅读者的区别是，复语阅读者具备跨语言传播信息的能力，但是没有实施跨语言传播的行为，而复语传播者产生了复语传播行为。

（三）跨语言舆情控制模型

对不同的语种来说，相同的舆情事件所引发的负面情绪是不一样的，从而在不同语种内，舆情传播的速度、危害值、控制难度等都各不相同，相应的动力学模型也不相同。例如，对"新型冠状病毒是西方国家对中国人的基因武器"这样的舆情事件，不同语种受众的反应完全不一样，对于汉语圈的舆情来说，由于这是涉及每个人生死攸关的问题，关注度必然极高，且控制难度极大。但是对于英语圈的舆情来说，有可能对其不以为然，甚至根本不会去关注这一舆情事件，更不会由于负面情绪的积累而造成危害。反之，"法国黄背心运动"这样的舆情事件正好相反，汉语内部的舆情反应平淡，最多从道义上对违法行为进行谴责。除了以上两个极端的舆情事件类型，随着世界一体化的发展，世界各国和地区之间相互依存、相互关联的关系使得蝴蝶效应愈发明显，某一个国家内部所发生的事件，其舆情产生跨国影响的可能性愈发突出，因此舆情管控者不但要关注本国内部的负面舆情控制策略，也要关注舆情的跨语言流动、发展、危害及其控制问题。

针对跨语言的舆情传播动力学问题，为简化问题只考虑两个语言的情况，并且假定其中一种语言的舆情是主要干预对象，记为 $Lang_{pri}$ ，另一种语言的舆情是次要干预对象，记为 $Lang_{sec}$ 。通常把首先发布舆情事件的语言定义为 $Lang_{pri}$ ，因为首先因其而产生舆情说明该语言的使用者更关心这类舆情事件，其负面情绪积累 $\sum_{i=1}^{Ct} Em_i$ 也更容易首先达到阈值 THR_{min} 。

设 t 时刻 $Lang_{pri}$ 的舆情态势和感染者人数分别为 $\rho_1(t)$ 和 $N_1(t)$ ，$Lang_{sec}$ 的舆情态势和感染者人数分别为 $\rho_2(t)$ 和 $N_2(t)$ 。使用 $Lang_{pri}$ 语言的潜在受众群体总人数为 $Scale_1$ ，使用 $Lang_{sec}$ 语言的潜在受众群体的总人数为 $Scale_2$ ；$Lang_{pri}$ 内部的管控速率为 K，由 $Lang_{sec}$ 帮助 $Lang_{pri}$ 进行舆情管控的速率为 K_{12} ，而 $Lang_{sec}$ 向 $Lang_{pri}$ 进行舆情传播的速率为 K_{21} ，则 $Lang_{pri}$ 和 $Lang_{sec}$ 的感染者人数变化趋势可分别用如下两个动力学模型来表示：

$$\frac{dN_1(t)}{dt} = -(K_{12} + K) * \rho_1(t) + K_{21} * \rho_2(t)$$

$$\frac{d N_2(t)}{dt} = K_{12} * \rho_1(t) - K_{21} * \rho_2(t)$$

为了求解此方程，假定 $N_1(0) = N(0)$ 且 $N_2(0) = 0$，即舆情管控开始时共有 $N(0)$ 个感染者，他们全都使用 $Lang_{pri}$ 语言。于是上述两个动力学方程的解析解为：

$$N_1(t) = N(0) * \frac{(K_{21} - \beta) * e^{-\beta * t} - (K_{21} - \alpha) * e^{-\alpha * t}}{\alpha - \beta}$$

$$N_2(t) = K_{12} * N(0) * \frac{e^{-\beta * t} - e^{-\alpha * t}}{\alpha - \beta}$$

其中常数 α 和 β 由下式给出：

$$\alpha = \frac{K_{12} + K_{21} + K + \sqrt{(K_{12} + K_{21} + K)^2 - 4 * K_{21} * K}}{2}$$

$$\beta = \frac{K_{12} + K_{21} + K - \sqrt{(K_{12} + K_{21} + K)^2 - 4 * K_{21} * K}}{2}$$

则 $Lang_{pri}$ 和 $Lang_{sec}$ 的舆情态势为：

$$\rho_1(t) = N(0) * \frac{(K_{21} - \beta) * e^{-\beta * t} - (K_{21} - \alpha) * e^{-\alpha * t}}{(\alpha - \beta) * Scale_1}$$

$$\rho_2(t) = K_{12} * N(0) * \frac{e^{-\beta * t} - e^{-\alpha * t}}{(\alpha - \beta) * Scale_2}$$

对于跨语言的突击式舆情干预方式来说，假设每次干预的持续时间为 T，则有如下四个动力学模型：

$$\frac{d N_1(t)}{dt} = -(K_{12} + K) * N_1(t) + K_{21} * N_2(t) \text{当} t \neq n * T \text{时}$$

$$\frac{d N_2(t)}{dt} = K_{12} * N_1(t) - K_{21} * N_2(t) \text{当} t \neq n * T \text{时}$$

$N_1(n * T^+) = N_1(n * T^-) + N(0)$ 当 $t = n * T$ 时

$N_2(n * T^+) = N_2(n * T^-)$ 当 $t = n * T$ 时

它们的解析解为：当 $n * T < t \leq (n + 1) * T$ 时，有

$$N_1(t) = \frac{\Delta X * (K_{21} - \beta) * e^{-\beta * (t - n * T)} - \Delta Y(K_{21} - \alpha) * e^{-\alpha * (t - n * T)}}{2 * (\alpha - \beta) * K_{12}}$$

$$N_2(t) = \frac{\Delta X * e^{-\beta * (t - n * T)} - \Delta Y * e^{-\alpha * (t - n * T)}}{2 * (\alpha - \beta)}$$

其中，α、β、$\Delta 1$、$\Delta 2$ 由下式给出：

$$\alpha = \frac{K_{12} + K_{21} + K + \sqrt{(K_{12} + K_{21} + K)^2 - 4 * K_{21} * K}}{2}$$

$$\beta = \frac{K_{12} + K_{21} + K - \sqrt{(K_{12} + K_{21} + K)^2 - 4 * K_{21} * K}}{2}$$

$\Delta X = K_{12} * N_2(n * T^+) + K * N_2(n * T^+) - K_{21} * N_2(n * T^+) +$
$(\alpha - \beta) * N_2(n * T^+) + 2 * K_{12} * N_1(n * T^+)$

$\Delta Y = K_{12} * N_2(n * T^+) + K * N_2(n * T^+) - K_{21} * N_2(n * T^+) -$
$(\alpha - \beta) * N_2(n * T^+) + 2 * K_{12} * N_1(n * T^+)$

进一步分析，可知：

$$N_1((n + 1) * T^+) = \frac{\Delta X * (K_{21} - \beta) * e^{-\beta * T} - \Delta Y(K_{21} - \alpha) * e^{-\alpha * T}}{2 * (\alpha - \beta) * K_{12}}$$
$$+ N(0)$$

$$N_2((n + 1) * T^+) = \frac{\Delta X * e^{-\beta * T} - \Delta Y * e^{-\alpha * T}}{2 * (\alpha - \beta)}$$

对于跨语言的意见领袖引导方式来说，假设 $\rho_v(t)$ 为 t 时刻意见领袖群体中的舆情态势，K_v 为对意见领袖的管控速率，则在两种语言中

意见领袖舆情引导方式的动力学模型为:

$$\frac{d\rho_v(t)}{dt} = -K_v * \rho_v(t)$$

$$\frac{d\rho_1(t)}{dt} = K_v * \rho_v(t) - (K_{12} + K) * N_1(t) + K_{21} * N_2(t)$$

$$\frac{d\rho_2(t)}{dt} = K_{12} * N_1(t) - K_{21} * N_2(t)$$

求解此三个方程后,得到舆情态势解析解为:

$$\rho_1(t) = \frac{K_v * N(0) * (K_{21} - K_v) * e^{-K_v * t}}{Scale_1 * (\alpha - K_v) * (\beta - K_v)}$$

$$+ \frac{K_v * N(0) * (K_{21} - \alpha) * e^{-\alpha * t}}{Scale_1 * (K_v - \alpha) * (\beta - \alpha)}$$

$$+ \frac{K_v * N(0) * (K_{21} - \beta) * e^{-\beta * t}}{Scale_1 * (K_v - \beta) * (\alpha - \beta)}$$

$$\rho_2(t) = \frac{K_v * N(0) * K_{12} * e^{-K_v * t}}{Scale_2 * (\alpha - K_v) * (\beta - K_v)}$$

$$+ \frac{K_v * N(0) * K_{12} * e^{-\alpha * t}}{Scale_2 * (K_v - \alpha) * (\beta - \alpha)}$$

$$+ \frac{K_v * N(0) * K_{12} * e^{-\beta * t}}{Scale_2 * (K_v - \beta) * (\alpha - \beta)}$$

四、本章小结

由于涉及对不同群体中舆情态势的分别管控,跨语言负面舆情的控制策略在实施起来相对更复杂一些。由于各个国家的国情不同,政府间的友好关系、价值观、民众利益大相径庭，因此在单语种舆情控制策略中效果明显的突击式干预和实时性干预的可操作性大打折扣。

在跨语言环境中，意见领袖引导方式相对来说更容易实施，只需要对极少数能够影响舆情和舆论走向的意见领袖做工作，即可起到事半功倍的效果。这一点对中国创造良好的国际舆论环境，帮助中国更顺利地实施走出去战略，具有非常重要的指导意义。

第八章　基于区块链的舆情传播治理

　　基于区块链技术研究复杂社交网络上舆情产生、发展、传播的特点及规律，并建立有效的溯源模型，是网络时代舆情治理的重要议题。互联网不是法外之地，无论是单语言的舆情传播还是跨语言的舆情传播，只有对负面舆情实现有效地追本溯源，方能对虚假舆情的创建者和传播者予以威慑，才能维护国家和民众的利益，维护风清气正的网络环境。

　　区块链技术作为去中心化的共享数据库，具有不可篡改、可溯源的特性，对有效控制虚假舆情的肆意传播，维护国家的安全稳定、企业的形象、个人的利益具有十分重要的意义。本章基于跨语言舆情溯源这一技术背景，通过区块链去中心化、不可篡改的特质，针对社交网络中舆情传播的规律和特点，构建基于区块链技术的跨语言舆情溯源体系，其中包括四个主要研究内容，即基于复合链结构下的跨语言舆情溯源系统架构研究、基于共识机制的跨语言舆情溯源系统安全性与活性研究、基于智能合约的跨语言舆情溯源管理研究以及基于区块链的跨语言舆情溯源技术标准和规范研究。最终，通过完善的区块链技术体系实现对于不同语言舆情的通用化溯源体系构建。

一、问题的提出

中国在各个领域的不断崛起引起了守成大国的担忧，利用互联网的匿名性，暗中挑起遏制中国发展的国际舆论环境，成为西方保守人士新的选择。随着国际化的不断深入，信息跨语言频繁、实时地流动已成为互联网的常态。尤其是在社交网络中，具有复语能力的网民常常成为推动信息跨语言传播的中坚力量。在这种背景下，某一语言中出现的网络舆情，能够迅速扩散到其他语言的社交网络中。由于网络中的信息传播难以监管，信息的真伪难以辨别，在复语网民人数相对有限的环境里，信息在跨语言流动过程中，极易受到关键传播节点网民个人意识的干扰，造成对舆情的倾向性引导。因此，基于区块链技术研究复杂社交网络上舆情产生、发展、传播的特点及规律，并建立有效的溯源模型，是网络时代舆情治理的重要议题，对有效控制虚假舆情的肆意传播，维护外部的发展环境、国内的安全稳定、企业的形象、个人的利益具有十分重要的意义。

（一）区块链的概念

区块链是一个信息技术领域的术语，是去中心化的共享数据库，涉及数学、密码学、互联网和计算机编程等很多科学技术问题。从应用视角来看，区块链是一个分布式的共享账本和数据库，具有去中心化、不可篡改、全程留痕、可以追溯、集体维护、公开透明等特点。

这些特点保证了区块链的"诚实"与"透明"，为区块链创造信任奠定基础。而区块链丰富的应用场景，基本上都基于区块链能够解决信息不对称问题，实现多个主体之间的协作信任与一致行动。

区块链技术是基于 P2P 网络技术、加密技术、时间戳技术等发展而来的一项新的信息技术。其中，区块是一个一个的存储单元，记录了一定时间内各个区块节点全部的交流信息。各个区块之间通过哈希算法实现链接，后一个区块包含前一个区块的哈希值，随着信息交流的扩大，一个区块与一个区块相继接续，形成的结果就是区块链。

区块链是分布式数据存储、点对点传输、共识机制、加密算法等计算机技术的新型应用模式，是一串使用密码学方法相关联产生的数据块，每一个数据块中包含一个批次网络交易的信息，用于验证其信息的有效性和生成下一个区块。通过利用点对点网络和分布式时间戳服务器，区块链数据库能够进行自主管理。

作为新一代的信息技术，区块链技术具有去中心化、开放性、独立性、安全性、匿名性五大特征。

去中心化是指区块链技术不依赖额外的第三方管理机构或硬件设施，没有中心管制，除了自成一体的区块链本身，通过分布式核算和存储，各个节点实现了信息自我验证、传递和管理。因此，去中心化是区块链最突出、最本质的特征。

开放性是指区块链技术基础是开源的，除了交易各方的私有信息被加密外，区块链的数据对所有人开放，任何人都可以通过公开的接口查询区块链数据和开发相关应用，因此整个系统信息高度透明。

独立性是指区块链技术是基于协商一致的规范和协议，整个区块链系统不依赖其他第三方，所有节点能够在系统内自动安全地验证、交换数据，不需要任何人为的干预。

安全性是指只要不能掌控全部数据节点的51%，就无法肆意操控修改网络数据，这使区块链本身变得相对安全，避免了主观人为的数据变更。

匿名性是指除非有法律规范要求，单从技术上来讲，各区块节点的身份信息不需要公开或验证，信息传递可以匿名进行。

（二）区块链的分类

区块链分为公有区块链（Public Block Chains）、行业区块链（Consortium Block Chains）和私有区块链（Private Block Chains）三种类型。

公有区块链是指，世界上任何个体或者团体都可以发送交易，且交易能够获得该区块链的有效确认，任何人都可以参与其共识过程。公有区块链是最早的区块链，也是应用最广泛的区块链，各大 Bitcoins 系列的虚拟数字货币均基于公有区块链，世界上有且仅有一条该币种对应的区块链。

行业区块链由某个群体内部指定多个预选的节点为记账人，每个块的生成由所有的预选节点共同决定，预选节点参与共识过程，其他接入节点可以参与交易，但不过问记账过程。其本质上还是托管记账，只是变成分布式记账，预选节点的多少，如何决定每个块的记账者成为该区块链的主要风险点，其他任何人可以通过该区块链开放的 API 进行限定查询。

　　私有区块链仅仅使用区块链的总账技术进行记账，可以是一个公司，也可以是个人，独享该区块链的写入权限，与其他的分布式存储方案没有太大区别。目前，传统金融都是想实验尝试私有区块链，而公链的应用已经产业化，私链的应用产品还在摸索当中。

（三）区块链的核心技术

　　区块链的核心技术包括分布式账本技术、非对称加密技术、共识机制、智能合约技术等。

　　分布式账本指的是交易记账由分布在不同地方的多个节点共同完成，而且每一个节点记录的是完整的账目，因此它们都可以参与监督交易合法性，同时也可以共同为其作证。跟传统的分布式存储有所不同，区块链的分布式存储的独特性主要体现在两个方面，一是区块链每个节点都按照块链式结构存储完整的数据，传统分布式存储一般是将数据按照一定的规则分成多份进行存储；二是区块链每个节点存储都是独立的、地位等同的，依靠共识机制保证存储的一致性，而传统分布式存储一般是通过中心节点往其他备份节点同步数据。没有任何一个节点可以单独记录账本数据，从而避免了单一记账人被控制或者被贿赂而记假账的可能性。也由于记账节点足够多，理论上讲除非所有的节点被破坏，否则账目就不会丢失，从而保证了账目数据的安全性。

　　非对称加密是指存储在区块链上的交易信息是公开的，但是账户身份信息是高度加密的，只有在数据拥有者授权的情况下才能访问，从而保证了数据的安全和个人的隐私。

　　共识机制是指在所有记账节点之间怎么达成共识，去认定一个记录的有效性，这既是认定的手段，也是防止篡改的手段。区块链提出了四种不同的共识机制，适用于不同的应用场景，在效率和安全性之间取得平衡。区块链的共识机制具备"少数服从多数"以及"人人平等"的特点，其中"少数服从多数"并不完全指节点个数，也可以是计算能力、股权数或者其他的计算机可以比较的特征量。"人人平等"是当节点满足条件时，所有节点都有权优先提出共识结果、直接被其他节点认同后并最后有可能成为最终共识结果。例如，在工作量证明机制中，只有在控制了全网超过51%的记账节点的情况下，才有可能伪造出一条不存在的记录。当加入区块链的节点足够多的时候，这基本上不可能，从而杜绝了造假的可能。

　　智能合约是基于这些可信的不可篡改的数据，可以自动化地执行一些预先定义好的规则和条款。以保险为例，如果说每个人的信息，如医疗信息和风险发生的信息等，都是真实可信的，那就很容易在一些标准化的保险产品中，去进行自动化的理赔。在保险公司的日常业务中，虽然交易不像银行和证券行业那样频繁，但是对可信数据的依赖有增无减。因此，利用区块链技术，从数据管理的角度切入，能够有效地帮助保险公司提高风险管理能力。

　　（四）区块链系统模型

　　区块链系统由数据层、网络层、共识层、激励层、合约层和应用层组成。

　　数据层封装了底层数据区块以及相关的数据加密和时间戳等基础

数据和基本算法；网络层则包括分布式组网机制、数据传播机制和数据验证机制等；共识层主要封装网络节点的各类共识算法；激励层将经济因素集成到区块链技术体系中来，主要包括经济激励的发行机制和分配机制等；合约层主要封装各类脚本、算法和智能合约，是区块链可编程特性的基础；应用层则封装了区块链的各种应用场景和案例。

该模型中，基于时间戳的链式区块结构、分布式节点的共识机制、基于共识算力的经济激励和灵活可编程的智能合约是区块链技术最具代表性的创新点。

（五）区块链与舆情传播治理

对舆情数据"上链"，使其具有"不可伪造""全程留痕""可以追溯""公开透明""集体维护"等特征。基于这些特征，区块链技术奠定了坚实的"信任"基础，创造了可靠的"合作"机制，具有广阔的运用前景。

在社交网络中探索跨语言的舆情溯源机制，分析信息在使用不同语言的互联网用户间的传播轨迹，被认为是最有前景的区块链与自然语言处理技术相结合的落地领域之一。

二、舆情溯源研究现状

所谓舆情，是指在一定的社会空间中引起的民众对某一社会事件产生和持有的社会态度、意见、情绪。由于互联网具有匿名、表达自由、传播迅速和规模庞大等诸多优点，在网络高度发达的当今社会，通过网络来表达意见与想法已逐渐成为广大人民群众自我表达的一种实现方式。鉴于网络已成为舆情传播和表达的主要社会空间和形式手段，因此舆情在很多情况下特指网络舆情，即指以互联网为传播介质，以各种事件为中心，网民的观点、态度、情感和意见的表达、传播与互动，以及随后影响的集合。通过互联网传播的网络舆情对社会的各方面会产生一定程度的影响，近年来，由于舆情或谣言传播引起的公共事件发生次数比较多，对于全国的经济发展和社会稳定产生了影响。越来越多的舆论源于网络、兴于网络，最终引发社会关注，形成热点问题，由此网络舆情溯源成为新生难题。

（一）国外发展趋势

语言学关注的是交流和沟通，而计算机科学的重点是算法和复杂性，两者结合将能解决自然语言处理领域的许多关键问题，因此成为脸谱、苹果、微软、谷歌、亚马孙"五大帝国"（简称 FAMGA）重点投入的研究方向。区块链与自然语言处理技术的交叉研究，涉及信息学、语言学、管理学的深度融合。尽管区块链技术发展势头迅猛，但要推进在自然语言处理技术领域的大规模应用依旧面临不小的挑战，需要构建分布式数据存储、点对点传输、共识机制、加密算法等计算机技术的新型应用模式。目前，区块链技术的性能及实用性并不能支撑大规模的自然语言处理领域的应用搭建，扩展性、隐私性、互通性仍是 FAMGA 主要的努力方向，而对二者结合的研究和探索，一定会推动语言学、管理学学科门类的进一步发展。

在网络舆情管理的相关研究中，舆情被分为正面、中性和负面三种。其中负面舆情在网络上不加限制地传播，会对所涉及的组织、社会或者国家产生一定的危害性，因此对虚假信息在单语言中进行传播而产生负面舆情的起源追溯问题，研究者已经取得了一定的研究成果，但是对于跨语言的传播与溯源问题，研究成果颇为有限，且基本上并没有与区块链技术相结合。

（二）国内发展趋势

在中国，区块链技术与自然语言处理技术已经上升到国家科技战略层面，与量子通信、人工智能、虚拟现实、大数据认知分析、无人驾驶交通工具等技术一起作为重点前沿技术，明确提出需加强相关技术的创新、试验和应用，以实现抢占新一代信息技术主导权，引领全球新一轮技术创新和产业变革。同时，国内相关行业、国家和国际标准也在加速制定，解决区块链、自然语言处理的关键技术标准问题，促进相关产业生态化发展。

同时，区块链与自然语言处理技术相结合，不仅可以应用于舆情分析与溯源，在流行病学史追踪、产品防伪溯源、学习经历认证等领域的都有广阔的应用前景。本次新冠疫情的爆发，区块链与自然语言处理技术也发挥重要作用，可以体现在以下几个方面。

1. 疫情预警。虽然 SARS 已经成为过去式，新冠病毒也得到了有效的控制。但是很有可能几年之后又出现其他流行病。综合历史疫情的资料或许可以有效地预警下次的流行病。其中一种方法是：使用互联网上的各种信息，对信息传播进行分析。期望能从各种信息传播网络中，识别疫情暴发的舆论特征模式，以做出提前预警。

2. 疫情数据管理。考虑到疫情的高传染率，如何减少病毒传播很重要。管理各疾控中心报告的疫情相关信息，建立人员流动可视化图。并找出人员流动关键路径，为国家政府提供疫情管控的建议。

3. 病例共享。刚开始的新冠病毒的传播性质被很多人误解，最后才发现了潜伏期传染这一重要特征。病例的共享非常重要，只有经过专家看过大量的病例之后，才能对未知的新型疾病快速给出判断，加快治疗流程。

4. 物资管理。为了避免物资造假和物资合理、充分的应用，需要对物资数据和流程进行监控管理，保证其中的正确行。

5. 舆情控制。收集互联网在疫情期间的相关内容，提取出前几个热点，并进行追踪。帮助辟谣，有效引导民众情绪。

（三）舆情溯源研究存在的问题

目前，利用区块链技术进行跨语言溯源研究方案都将溯源信息通过某种方式存储到区块链中，并利用区块链去中心化的特性来实现一个去中心化的溯源系统。在这些溯源系统中，溯源信息的安全性由存储溯源信息的区块链其自身具有的不可篡改性来进行保障。然而，区块链的安全性并非是没有成本的，区块链的安全性通常与区块链网络中节点的数目、计算能力等因素相关，一般公司所使用的区块链中的节点数目或运算能力很难媲美比特币或以太坊这种当下被广泛使用的区块链。这就意味着这些科技公司需要花费相当大的成本来保证自身搭建的区块链的安全性。

此外，国内现有的网络舆情分析研究主要针对英语和汉语，针对非通用语的研究很少，而且不同语言之间资源极度不均衡。因此，针对舆情传播的跨语言特性，迫切需要研究跨语言社会舆情分析基础理论及管件技术，以便借助英语或汉语等语料资源丰富的语言，提升非通用语语料资源匮乏而造成的舆情分析短板。

三、跨语言舆情溯源理论架构

（一）跨语言舆情溯源理论架构

跨语言舆情溯源的总体架构由上往下依次是数据源、数据层、网络层、共识层、合约层和应用层。

数据源指来自各个不同社交媒介所产生的舆情信息，根据数据的属性特征分为文本数据、图像数据以及音频数据，区块链技术实现的事上链数据的信息管理溯源，各个不同主体数据和信息整合难的问题。对于数据源头的信息采集则主要通过物联网技术实现，确保来源数据的可行性。

数据层包含了数据区块、链式结构、时间戳、数据加密（包括哈希算法、Merkle 树、非对称加密）等技术。数据层主要用来实现对于区块的数据结构的设计，块头包含时间戳，采用哈希算法进行加密，区块体的内容以非对称性加密进行内容的加密，以便不同节点对内容进行验证，最后规定各个块串联在一起形成链式结构。

网络层设计规定了相关节点的添加、接入，身份认证功能以及区块信息在网络上的传播规则。

共识层用来设计各节点接收到区块信息后所采取的验证算法，已达到不同节点存储一致信息的目的。主要采用使用拜占庭容错算法以提高系统的整体安全性以及活性。

合约层主要包含满足条件可自动执行的脚本代码或智能合约，通过智能合约能够扩展区块链的功能，丰富上层应用。智能合约通过链码来实现，包括信息记录、信息自检、信息溯源等链码调用功能。

应用层主要是基于区块链技术的跨语言舆情溯源系统的网络应用，实现具有模块化、自动数据绑定等特点的页面应用，提供用户交互的界面操作，包括用户登录、数据上链、溯源查询等业务办理功能。

（二）相关概念和实现方法

为更好地理解跨语言舆情溯源理论架构，现对其中的一些核心概念进行说明。

1. 物联网技术

物联网（Internet of Things）是指通过信息传感设备，按约定的协议，将任何物体与网络相连接，物体通过信息传播媒介进行信息交换和通信，以实现智能化识别、定位、跟踪、监管等功能。

物联网的核心思想是将无处不在（Ubiquitous）的末端设备（Devices）和设施（Facilities）进行联接，包括具备"内在智能"的传感器、移动终端、工业系统、数控系统、家庭智能设施、视频监控系统等，以及"外在智能"（Enabled）的物品，如贴上 RFID 的各种资产（Assets）、携带无线终端的个人与车辆等，成为"智能化物件或动物"或"智能尘埃"（Mote）。它们通过各种无线和（或）有线的长距离和

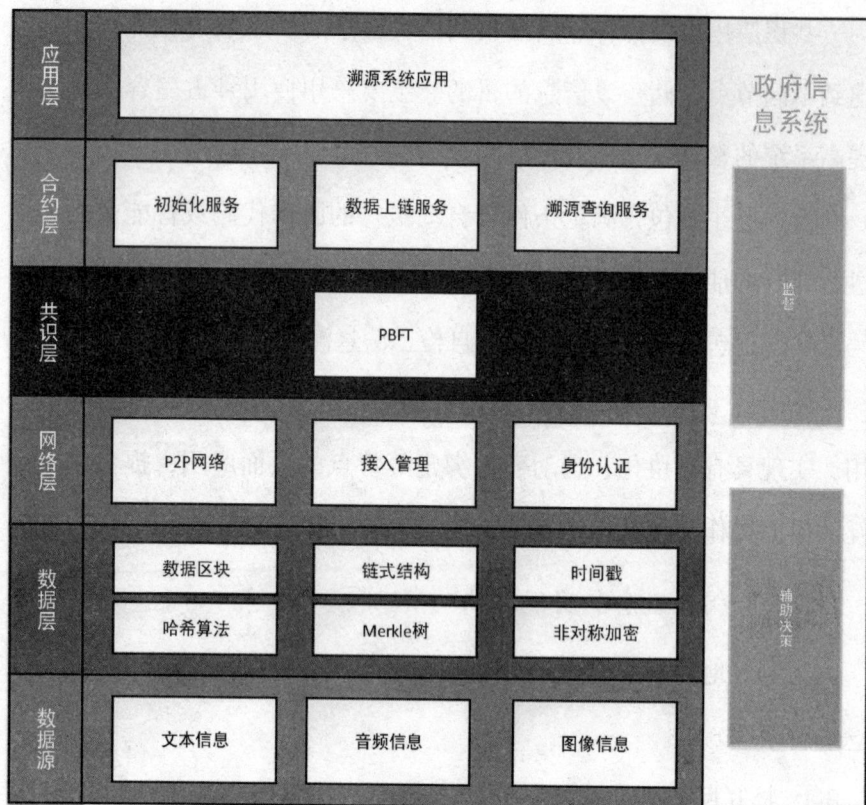

图 53 跨语言舆情溯源理论架构

（或）短距离通信网络实现互联互通（M2M）、应用大集成（Grand Integration），以及基于云计算的 SaaS 营运等模式，在内网（Intranet）、专网（Extranet），和（或）互联网（Internet）环境下，采用适当的信息安全保障机制，提供安全可控乃至个性化的实时在线监测、定位追溯、报警联动、调度指挥、预案管理、远程控制、安全防范、远程维保、在线升级、统计报表、决策支持、领导桌面等管理和服务功能，实现对"万物"的"高效、节能、安全、环保"的"管、控、营"一体化。

物联网的目标是实现物与物、人与物之间的信息传递与控制，在物联网应用中有以下关键技术。

（1）传感器技术，这也是计算机应用中的关键技术。绝大部分计算机处理的都是数字信号，需要传感器把模拟信号转换成数字信号送到计算机进行处理。

（2）RFID标签也是一种传感器技术，RFID技术是融合无线射频技术和嵌入式技术为一体的综合技术，RFID在自动识别、物品物流管理中有着广泛的应用。

（3）嵌入式系统技术是集软硬件于一体的、可独立工作的计算机系统，它是综合了计算机软硬件、传感器技术、集成电路技术、电子应用技术等技术为一体的复杂技术。它是能够对目标系统进行控制，使其成为智能化设备的一种控制器。

（4）智能技术是为了有效地达到某种预期的目的，利用知识所采用的各种方法和手段。通过在物体中植入智能系统，可以使得物体具备一定的智能性，能够主动或被动地实现与用户的沟通，因此是物联网的关键技术之一。

2. 链式结构

链式结构是计算机中用一组任意的存储单元存储线性表的数据元素的数据存储方法，在链式结构中，这组任意的存储单元可以是连续的，也可以是不连续的。由于它不要求逻辑上相邻的元素在物理位置上也相邻，因此它没有顺序存储结构所具有的弱点，但也同时失去了顺序表可随机存取的优点。

链式结构比顺序存储结构的存储密度小，因为链式存储结构中每个结点都由数据域与指针域两部分组成，相比顺序存储结构增加了存储空间。但是其插入、删除数据更加灵活，不必移动节点，只要改变节点中的指针即可。在查找节点时链式结构要比顺序结构慢，由于链式结构存储空间是随机分配的，这也使数据删除后被新数据覆盖的概率降低，恢复的可能性提高。

3. 时间戳

时间戳是使用数字签名技术产生的数据，签名的对象包括了原始文件信息、签名参数、签名时间等信息。时间戳系统被用来产生和管理时间戳，通过对签名对象进行数字签名产生时间戳，以证明原始文件在签名时间之前已经存在。因此，时间戳是一份能够表示一份数据在一个特定时间点已经存在的完整的可验证的数据。它的提出主要是为用户提供一份电子证据，以证明用户的某些数据的产生时间。因此，它可以使用在包括电子商务、金融活动的各个方面，用来支撑公开密钥基础设施的"不可否认"服务。

时间戳服务的本质是将用户的数据和当前准确时间绑定，在此基础上用时间戳系统的数字证书进行签名，凭借时间戳系统在法律上的权威授权地位，产生可用于法律证据的时间戳，用来证明用户数据的产生时间，达到"不可否认"或"抗抵赖"的目标。时间戳系统的组成主要包括三个部分，可信时间源、签名系统和时间戳数据库。

（1）可信时间源就是时间戳系统的时间来源，TSA 系统中的所有部件的时间都必须以这个可信时间源为标准，尤其在颁发的时间戳中填写的时间必须严格按照可信时间源填写。而作为可信时间源自身，其或者就是国家权威时间部门发布的时间，或者是用国家权威时间部门认可的硬件和方法获得的时间。

（2）签名系统负责接收时间戳申请、验证申请合法性以及产生和颁发时间戳，最后将时间戳存储到数据库中。这个过程中，申请消息和颁发时间戳格式、时间戳的产生和颁发都必须符合规范中给出的要求。用户向签名系统发起时间戳申请，签名系统获取用户的文件数据摘要后，再验证申请的合法性，最后将当前时间和文件摘要按一定格式绑定后签名返回，并保存在数据库中。

（3）时间戳数据库负责保存 TSA 系统颁发的时间戳，而且必须定期备份，以便用户需要时可以申请从中取得时间戳。对时间戳数据库的存储、备份和检索也要求符合规范中给出的规定。可信时间戳是由联合信任时间戳服务中心签发的一个电子凭证，用于证明电子数据文件自申请可信时间戳后内容保持完整、未被更改。可信时间戳接入核准书的颁发，标志着可信时间戳在档案领域规范化应用已经开始，并将起到电子档案和档案数字化副本内容防篡改、保障档案的法律凭证的作用。根据《电子签名法》有关数据电文原件形式的要求，申请了可信时间戳认证的电子文件、电子档案或纸质档案的数字化副本等可视为法规规定的原件形式。

常见的时间戳协议包括简单时间戳协议、线性链接协议、树型协议、二进制协议、线索认证树协议、分布式协议等。

简单时间戳协议是申请时间戳服务的用户将需要认证的数据传输给时间戳服务的提供者，时间戳服务的提供者将经过认证后的时间戳证书返还给用户。在使用时间戳服务时，所涉及的角色一般有以下几种：提供时间戳服务的机构（Time–Stamping Authoritor），申请时间戳服务的用户（Subscriber）和时间戳证书的验证者（Relying Party）。时间戳机构的主要职责是为一段数据申请时间戳证书，证明这段数据在申请时间戳证书的时间点之前真实存在，在这个时间点之后对数据的更改都是可以追查的，这样就可以防止伪造数据来进行欺骗。证书持有者把需要申请时间戳证书的数据发送给时间戳机构，时间戳机构将生成时间戳证书发送给证书持有者。在需要证明该数据未被篡改时，证书持有者展示数据所对应的时间戳证书，时间戳证书的验证者来验证它的真实性，从而确认该数据是否经过篡改。

线性链接协议是为了解决时间戳机构必须完全信任这一问题而提出的。这个协议的设计思想是为了建立起时间戳证书之间的紧密联系，像链表一样将用户申请的时间戳证书按照顺序链接起来。时间戳机构将收到的数据的 Hash 值用链表链接起来，把第 n 组数据的时间戳证书链表链接到第 n-1 组数据的时间戳证书链表之后。为了验证时间戳机构是否存在欺骗行为，机构设定一个固定的时间，通过不同渠道将最近通过的时间戳证书列表公布出来。任何人都可以通过时间戳机构公布的证书列表来验证时间戳链表的有效性，从而确定时间戳机构是否公正可靠。

树型协议是线性链接协议的优化协议，这个协议把时间戳证书链接分解成很多小的组。在每组中，时间戳服务的使用者可以向 TSA 提出时间戳证书申请。可以通过建立一棵树型结构实现整个流程，其中树型结构的叶子是使用者的时间戳证书申请，TSA 使用一个安全的 Hash 函数来计算树型结构中的节点值。树型协议的优点是，它可以有效减少时间戳机构中时间戳证书的存储数量。

二进制链接协议定义为一个有向无环的链接图，因为二进制链接协议由一个常数来划分组，然后按照上述方案来构造各个组之间的时间戳证书链接。所以在验证链接有效性时，二进制链接协议的时间复杂度要远远小于线性链接协议的时间复杂度。相比于线性链接协议，二进制链接协议更具有建设性，并且更加实际可用。

线索认证树协议可以大大减小单个时间戳的大小，所以有着高验证效率。但该协议由于协议所使用的算法很复杂，所以在工程实现上具有一定的难度。

分布式协议的设计思想在整个申请时间戳证书的工作流程中，涉及了以下几种角色：一组自愿的时间戳证书签发者、一个安全的 Hash 算法和一个随机挑选签发人员的随机算法。当用户想对数据申请时间戳证书时，用户先用 Hash 算法计算数据的 Hash 值，得到一个随机数，再用随机算法挑选随机的签发者。然后用户将计算出的 Hash 值发送给通过算法随机得到的各个签发者。等签发者收到用户发来的 Hash 值后将收到数据的时间添加到 Hash 值后面，再对 Hash 值和时间整体进行签名，返回签名结果给用户，用户把所有的签名作为时间戳证书存储起来。在此协议中，由于所有对数据 Hash 值进行签名的签发者是通过算法随机产生的，所以对于随机选出的签发者，用户一般不可能与之串通伪造时间戳，除非所有人都与用户串通，但这显然是不可能的。在此协议的使用过程中，用户必须要与所有选出的签发者进行实时联系，及时了解签发者发生变动的情况。当签发者无法即时对数据签名时，需要有一种备用机制进行处理。在此协议中，别的协议中必需的时间戳机构是不存在的，每一个用户在自愿的情况下都可以当作签发者使用。

4. 哈希算法

哈希算法又称安全散列算法（Secure Hash Algorithm，SHA），是一个密码散列函数家族，是 FIPS 所认证的安全散列算法。能计算出一个数字消息所对应到的长度固定的字符串的算法。且若输入的消息不同，它们对应到不同字符串的概率很高。

5. Merkle 树

梅克尔树（Merkle trees）是区块链的基本组成部分。从理论上来讲，没有梅克尔树的区块链也是可能实现的，只需创建直接包含每一笔交易的巨大区块头就可以实现，但这样做无疑会带来可扩展性方面的挑战，从长远发展来看，可能最后将只有那些最强大的计算机，才可以运行这些无须受信的区块链。正是因为有了梅克尔树，以太坊节点才有可能建立运行在所有的计算机、笔记本电脑、智能手机，甚至是物联网设备之上。

6. 非对称加密技术

非对称加密技术是一种应用于密钥的保密方法。在其实现中需要两个密钥：公开密钥（public key，公钥）和私有密钥（private key，私钥）。公钥与私钥是一对，如果用公钥对数据进行加密，只有用对应的私钥才能解密。因为加密和解密使用的是两个不同的密钥，所以这种算法叫作非对称加密算法。

非对称加密算法实现机密信息交换的基本过程是：甲方生成一对密钥并将公钥公开，需要向甲方发送信息的其他角色（乙方）使用该密钥（甲方的公钥）对机密信息进行加密后再发送给甲方；甲方再用自己的私钥对加密后的信息进行解密。甲方想要回复乙方时正好相反，使用乙方的公钥对数据进行加密，同理，乙方使用自己的私钥来进行解密。另一方面，甲方可以使用自己的私钥对机密信息进行签名后再发送给乙方；乙方再用甲方的公钥对甲方发送回来的数据进行验签。甲方只能用其私钥解密由其公钥加密后的任何信息。

非对称加密算法的保密性比较好，它消除了最终用户交换密钥的需要。非对称密码体制的特点是，算法强度复杂、安全性依赖于算法与密钥但是由于其算法复杂，而使得加密解密速度没有对称加密解密的速度快。对称密码体制中只有一种密钥，并且是非公开的，如果要解密就得让对方知道密钥。所以保证其安全性就是保证密钥的安全，而非对称密钥体制有两种密钥，其中一个是公开的，这样就可以不需要像对称密码那样传输对方的密钥，从而大大增加了安全性。

7. 拜占庭容错算法

拜占庭容错算法是基于持有权益比例来选出专门的记账人（记账节点）的一种共识算法。记账人之间可以通过拜占庭容错算法，即少数服从多数的投票机制，来达成共识，决定动态参与节点。共识算法可以容忍任何类型的错误，且专门的多个记账人使得每一个区块都有最终性，不会分叉。

四、跨语言舆情溯源关键问题

针对社交网络中舆情传播的规律和特点，构建基于区块链技术的跨语言舆情溯源体系，需要重点解决四个问题，即基于复合链结构下的跨语言舆情溯源系统架构研究、基于共识机制的跨语言舆情溯源系统安全性与活性研究、基于智能合约的跨语言舆情溯源管理研究以及基于区块链的跨语言舆情溯源技术标准和规范研究。

（一）基于复合链结构下的系统架构

目前已有舆情溯源系统多采用集中化的方式根据需求进行舆情溯源，基于区块链分布式账本的方式去中心化，这涉及新旧系统间交互等问题。如何在确保不更改原有溯源体系的前提下利用区块链技术对旧系统进行优化是原型系统研发的关键问题。

本部分内容主要研究复合链结构下的跨语言舆情溯源系统的整体架构。首先，通过对现有的舆情溯源系统的总体框架进行研究，梳理出系统中所存在的漏洞以及功能局限性等问题，基于区块链技术设计制定对应解决的方法。整个架构包含舆情媒介分析、舆情数据采集及预处理层、共识算法层、网络通信层、应用决策层以及应用组件层。考虑到传统的区块链架构公有链不能够编辑、修改，私有链链条间相互独立，无法有效地串联起各个环节的问题，本项目将研究如何以联盟链结构作为主要的系统架构，结合公有链形成复合链架构，让各类舆情媒介、监管机构单独运行联盟链上的一个节点，在确保可控性的同时提高系统的去中心化。此外，考虑到与目前已有的舆情溯源系统与新系统互相兼容的问题，本部分将研究如何在不改变现有的溯源逻辑的前提下，通过区块链技术对旧溯源系统进行上链升级、系统优化与兼并，最终构建一套基于区块链技术的舆情溯源系统架构设计方案。

（二）基于共识机制的安全性与活性

舆情信息从编辑、发布到成为热点经过多个环节的流通，为了保证数据不可被篡改，区块链会牺牲信息的活性。因此，需要解决基于区块链的舆情溯源系统在保证数据不可篡改的前提下，保持数据活性的问题。此外，考虑到舆情信息涉及国家安全、个人隐私等因素，针对系统的安全性问题也是重点研究问题。

区块链作为分布式的记账系统，每个节点对于整个系统来说状态必须是一致的，这涉及各个节点之间状态的复制、更新，这个过程是通过共识机制来实现的。共识机制实现了区块链上的不同节点间的一致性，同时，确保了数据的有效和有序。本部分将研究基于共识机制的跨语言舆情溯源系统安全性与活性问题，对工作量证明、股权证明以及权威证明这3种主要的共识算法进行分析，构建针对舆情溯源这一应用场景的共识算法。此外，考虑到舆情信息的安全需求，以及媒介间由于环境不同可能遇到的复杂情况，将开展共识算法下的系统容错研究，聚焦于如何在失效节点数量不超过 $(n-1)/3$ 的情况下，确保整个系统的安全性和活性。最终，实现对于整个跨语言舆情溯源系统的安全性保障，同时，确保系统的节点活性。

在舆情信息从编辑、发布到传播的全链路中，涉及诸多不同的传播媒介。此外，随着信息内容的增删修改，所需要记录的信息也会不断进行更新，整个系统承载的任务量也会随之越来越复杂。各个系统间时刻进行着数据的交互，不同的系统节点又可能处于不同的状态。对于分布式记账方式的区块链技术应用，不同节点间的一致性问题是最基础，也是最关键的问题，其关系到系统的可扩展性以及高容错能力。现有的共识机制包括工作量证明机制（PoW）、权益证明机制（PoS）以及股份授权证明机制（DPoS）。其中，股份授权证明机制以一定数量的代表来实现对代理节点的认证，能够大大缩小参与验证的节点数量。本项目将以股份授权机制为核心，基于联盟链实现对舆情信息管理，以实际业务为导向构建相应的共识机制，不仅能够有效解决各节点间通信问题，同时亦实现对于系统交互效率的提高。此外，考虑到媒介变动等因素影响，对于整体系统要求具有高容错性，研究采用拜占庭容错的共识算法（PBFT），实现在失效节点数量不超过$(n-1)/3$的情况下，确保系统的安全性和活性。最终，在确保系统稳定性、高可用性的前提下实现对于舆情信息溯源系统的高效管理。

（三）基于智能合约的管理

传统的舆情信息自检多根据各个不同发布媒介自身的检验手段，不同的媒介检验手段不同导致结果良莠不齐。针对这一情况，研发基于智能合约的舆情信息自检与舆情溯源安全自动化程序。

智能合约是一套以数字形式指定的承诺，包括合约参与方可以在上面执行这些承诺的协议。对于区块链技术，智能合约是可独立运行的链上代码，实现对于区块链节点间信息交互的自动发起、自动业务办理等功能。区块链可通过智能合约的可编程性来封装分布式节点的复杂行为；而智能合约可借助区块链的去中心化基础架构在去信任、可执行环境中有效实现。本部分将研究基于智能合约的跨语言舆情溯源管理方法。主要针对溯源需求以及相应的溯源流程编写对应的智能合约算法程序，实现对来自不同媒介的舆情信息的增、删、改、查等操作。此外，考虑到信息的复杂性、数据量的庞大，开发相应的跨语言舆情自检程序，实现对于上链的舆情信息自动进行内容审查，针对有问题的舆情信息进行上报。同时，结合智能终端的定位功能实现对操作人员的身份认证功能，对信息查阅、修改范围进行约束，限制各类业务人员的操作范围。当超出操作范围时，系统能够自动发起报警，并记录下相应行为。最终，基于智能合约技术形成一套针对跨语言舆情溯源的程序及算法，能够实现对舆情信息上链、舆情信息自检、舆情信息溯源等操作的自动化处理。

传统的舆情检验、信息溯源等业务主要基于相关人员的手工操作，在整个业务流转过程中，通过在数据中添加时间戳以及电子签名的方式来实现对信息流转的管理以及实现后期信息溯源的需求。大量的人工操作使得系统的安全性极易受到威胁，比如：使用人员的疏忽或者内部人员的篡改所导致的信息改变，而系统对于这一情况没有产生相对应的记录。基于区块链技术中的智能合约能够有效解决这一问题，智能合约技术是无须中介、自我验证、自动执行合约条款的计算机交易协议。首先，智能合约中预置了合约条款的相应触发场景和响应规则，通过区块链上的节点方共同协定、各自签署后随用户发起的交易提交，经 P2P 网络传播、验证后存储在区块链特定区块中，用户得到返回的合约地址及合约接口等信息后即可通过发起交易来调用合约。相比于传统的信息系统，基于智能合约的业务流转系统更智能化、自动化，有效提高了业务办理效率，节省了相关人力资源。此外，基于智能合约的业务流转系统具有区块链数据不可篡改、匿名可溯源等特性，能够有效保证舆情信息在流转过程中记录的可靠性。基于区块链上所记录的信息，能够快速实现高可靠的信息溯源。此外，来自不同媒介的信息属性不同、问题不同，通过编写相应的智能合约程序能够对复杂多变的信息进行处理，形成统一的方便浏览、查询、管理的数据形式。

（四）基于区块链的技术标准和规范

政府需要对舆情溯源源头提出需求、全链路进行监管、舆情信息内容进行判定，区块链的去中心化特性并不适合全链路监管，因此，需要解决既保证数据的可信性和隐私性，又允许政府部门进行全链路监管的问题。

基于舆情媒介、政府监管部门、舆情发布用户等相关利益主体的舆情信息溯源需求，通过建立舆情信息的区块链应用开发规范及质量保障规范、底层平台技术架构规范及质量保障规范、平台部署运维规范，构建舆情溯源的前后端体系，以条形码、二维码或 RFID 等方式登录和访问舆情溯源系统的基于开源架构的智能合约的前端建设和由智能合约及包含节点管理、成员服务、排序服务和账本维护等功能的区块链基础服务组成的后端建设。与有关政府部门和地方政府共同推进基于区块链的舆情溯源体系的地方标准和行业标准建设。

舆情信息产生于互联网中，在互联网中传播，整个过程涉及诸多不同语种、流经不同的传播媒介。传统的舆情溯源系统受语言、媒介的限制，不能够有效地对整个舆情网络进行统一管理，进而实现对于舆情的完整溯源。通过对不同的溯源系统进行归纳总结，结合完整原型系统的搭建过程，形成跨语言舆情溯源技术标准和规范，为之后相关的工作提供技术基础以及研究思路。

五、本章小结

本章以舆情溯源这一主要社会场景入手，结合区块链不可篡改、去中心化的特点进行相关关键技术论述。针对信息在跨语言流动的过程时，极易受到关键传播节点的干扰，造成对舆情的倾向性引导的情况，通过对现有舆情溯源系统的研究，归纳出普适性的跨语言舆情溯源体系，并形成相应的标准规范。以复合链的结构针对不同媒介、不同对象构建贴合实际的舆情系统架构。此外，对于系统可能遇到的信息庞大繁杂的情况，基于智能合约开展舆情自检算法研发，基于共识机制的系统安全性以及活性研究。最终，通过对各个关键技术的攻关，构建跨语言舆情溯源体系，解决区块链落地中的关键技术攻关。同时，为舆情溯源技术、区块链技术这两大领域提供新的研究思路。

第九章　总结与展望

舆情风险防范关系到国家的安全、社会的稳定、企业的形象、个体的荣誉，是社会管理工作中的重要内容。尤其在互联网技术迅速发展的当今社会，社交网络已成为负面舆情爆发的主要场所，也是舆情防控的关键所在。

随着国际交流的日趋频繁，世界各国在不同地区都有自己的利益所在，哪怕一个小范围内的地区性事件，都有可能在短时间内引起世界各国舆论的关注。因此，跨语言舆情研究，是我国顺利实施"文化走出去"战略和"一带一路"合作倡议过程中不可回避的一个重要研究内容。相关的研究成果，不仅可以为中国创造良好的国际舆论环境，提升中国的国际形象和国际地位，也可以为中国提供良好的国际经贸环境，有助于中国的经济融入世界经济的版图，是我国国家战略实施过程中无法回避的基础性、先导性问题。

与之相对应的是，我国各级政府部门、企事业单位，以及部分公众人物，对舆情的理解和把控能力远远没有达到时代的要求。为了提升政府、组织、公众的舆情风险防范能力，一方面应当做好自身工作，减少舆情事件的产生，另一方面应当了解舆情的应对规则，降低舆情对自身的负面影响。

在无法控制舆情被动产生的前提下，探索舆情传播和发展的规律，找到舆情传播的控制方法，就显得格外重要，这是本书探讨的核心要旨。本书以如何获取舆情信息为突破口，研究舆情信息的采集、清洗、存储、分析、挖掘全流程的手段和方法，并在知识图谱理论的基础上探讨舆情的传播特点和规律，建立舆情传播的理论模型。通过对舆情在传播过程中的情感变化而带来的语意漂移问题的研究，总结了在单一语言中和不同语言中进行舆情传播控制的手段和方法，也通过大量的实验过程验证了相关理论的有效性，可以为从事跨语言舆情分析的研究者提供新的研究思路。

参考文献

［1］王晶囡，逯兰芬，高旭，等 . SIR 无标度网络模型稳定性及免疫控制策略［J］. 哈尔滨理工大学学报，2018（2）：144-148.

［2］刘思宇 . 混合控制策略在传染病动力学中的应用研究［D］. 长春：吉林大学，2018.

［3］赵修文，姜雅玫，刘显红 . 团队成员之间隐性知识共享的微分动力学模型研究［J］. 西华大学学报（哲学社会科学版），2018（2）：79-85.

［4］刘泉 . 基于个体社会属性的网络舆情演化模型研究［D］. 大连：大连理工大学，2016.

［5］熊熙，乔少杰，吴涛，等 . 基于时空特征的社交网络情绪传播分析与预测模型［J］. 自动化学报，2018（12）：2290-2299.

［6］汪林玉，谷科，余飞，等 . 基于个人意愿的社会网络团体结构与信息检测方案［J］. 电子学报，2019（4）：886-895.

［7］赵宇，黄开枝，郭云飞，等 . 在线社会网络中面向节点影响力的信息传播阻断模型［J］. 清华大学学报（自然科学版），2017（12）：1245-1253.

［8］付芸，贺喆，梁琰 . 一种基于非均匀性和非对称性的病毒传

播模型 [J]. 复杂系统与复杂性科学, 2014, 11 (2): 81 –86.

[9] 李洋, 陈毅恒, 刘挺. 微博信息传播预测研究综述 [J]. 软件学报, 2016, 27 (2): 247 –263.

[10] GAO S, MA J, CHEN Z M. Modeling and predicting retweeting dynamics on microblogging platforms [C]. International Conference on Web Search and Data Mining, 2015: 107 –116.

[11] 刘金荣. 危机沟通视角下微博舆情演变路径研究 [J]. 情报杂志, 2012, 31 (7): 21 –24.

[12] 王来华. 舆情变动规律初论 [J]. 学术交流, 2005 (12): 155 –159.

[13] 徐敬宏, 李欲晓, 方滨兴, 等. 非常规突发事件中网络舆情的生成及管理 [J]. 当代传播, 2010 (4): 41 –43.

[14] 方付建. 突发事件网络舆情演变研究 [D]. 武汉: 华中科技大学, 2011.

[15] 田卉, 柯惠新. 网络环境下的舆论形成模式及调控分析 [J]. 现代传播 (中国传媒大学学报), 2010 (1): 40 –45.

[16] 谢科范, 赵湜, 陈刚, 等. 网络舆情突发事件的生命周期原理及集群决策研究 [J]. 武汉理工大学学报 (社会科学版), 2010, 23 (4): 482 –486.

[17] 李纲, 董琦. Web2.0 环境下企业网络舆情传播过程的研究及实证分析 [J]. 情报科学, 2011, 29 (12): 1810 –1814.

[18] 曾润喜, 王晨曦, 陈强. 网络舆情传播阶段与模型比较研究 [J]. 情报杂志, 2014, 33 (5): 119 –124.

[19] 潘芳, 卞艺杰, 潘郁. 危机事件网络舆情传播模型及消极思潮应急对策 [J]. 图书情报工作, 2010, 54 (15): 40 –43.

[20] SPEER R, CHIN J, HAVASI C. ConceptNet 5.5: An Open

Multilingual Graph of General Knowledge ［C］. Conference on Artificial Intelligence, 2017: 4444 – 4451.

［21］SU Y H, ZHANG C, LI J Y. Cross – Lingual Entity Query from Large – Scale Knowledge Graphs ［C］. Conference on Asia Pacific Web, 2015: 139 – 150.

［22］WANG Z G, LI J Z, WANG Z C, et al. XLore: A Large – scale English – Chinese Bilingual Knowledge Graph ［C］. International Semantic Web Conference（Posters & Demos）, 2013: 121 – 124.

［23］JIN H L, LI C J, ZHANG J, et al. XLORE2: Large – scale Cross – lingual Knowledge Graph Construction and Application ［J］. Data Intelligence, 2019, 1（1）: 77 – 98.

［24］WANG Z G, LI Z X, LI J Z, et al. Transfer learning based crosslingual knowledge extraction for wikipedia ［C］. Meeting of the Association for Computational Linguistics, 2013: 641 – 650.

［25］ZHOU Y L, SCHOCKAERT S, SHAH J A. Predicting Concept Net Path Quality Using Crowdsourced Assessments of Naturalness ［C］. International World Wide Web Conference, 2019: 2460 – 2471.

［26］苏永浩, 张驰, 程文亮, 等. CLEQS——基于知识图谱构建的跨语言实体查询系统 ［J］. 计算机应用, 2016, 36（S1）: 204 – 206, 223.

［27］DOJCHINOVSKI M, HERNANDEZ J, ACKERMANN M, et al. DBpedia NIF: Open, Large – Scale and Multilingual Knowledge Extraction Corpus ［EB/OL］. https: //arxiv. org/pdf/1812. 10315. pdf.

［28］GOTTSCHALK S, DEMIDOVA E. EventKG: A Multilingual Event – Centric Temporal Knowledge Graph ［C］. European Semantic Web Conference, 2018: 272 – 287.

［29］GROMANN D, HEDBLOM M M. Body – Mind – Language: Multilingual Knowledge Extraction Based on Embodied Cognition ［C］. Workshop on Artificial Intelligence and Cognition, 2017: 20 – 33.

［30］CABRAL B S, GLAUBER R, Souza M. CrossOIE: Cross – Lingual Classifier for Open Information Extraction ［C］. International Conference on the Computational Processing of Portuguese, 2020: 368 – 378.

［31］WANG Z C, LI J Z, TANG J. Boosting Cross – Lingual Knowledge Linking via Concept Annotation ［C］. International Joint Conference on Artificial Intelligence, 2013: 2733 – 2739.

［32］HYEON J, OH K, KIM Y J, et al. Constructing an initial knowledge base for medical domain expert system using induct RDR ［C］. International Conference on Big Data and Smart Computing, 2016: 408 – 410.

［33］KEJRIWAL M, SZEKELY P. myDIG: Personalized Illicit Domain – Specific Knowledge Discovery with No Programming ［J］. Future Internet, 2019, 11 (3): 59.

［34］SemTK: A Semantics toolkit for user – friendly SPARQL generation and semantic management ［EB/OL］. https: //arxiv. org/ftp/arxiv/papers/1710/1710. 11531. pdf.

［35］HOLZINGER A. Interactive machine learning for health informatics: When do we need the human – in – the – loop? ［J］. Brain? Informatics, 2016, 3 (2): 119 – 131.

［36］AMARAL A D, ANGELOVA G, BONTCHEVA K, et al. Rule-based Named Entity Extraction For Ontology Population ［C］. International Conference on Recent Advances in Natural Language Processing, 2013: 58 – 62.

［37］YANG Y W, ESER K, LI Y Y, et al. A Study on Interaction in Human – in – the – Loop Machine Learning for Text Analytics ［C］. ACM Conference on Intelligent User Interfaces, 2019：1 – 7.

［38］张赛, 徐恪, 李海涛. 微博类社交网络中信息传播的测量与分析 ［J］. 西安交通大学学报, 2013, 47（2）：124 – 130.

［39］XIE J, COGGESHALL S. Prediction of transfers to tertiary care and hospital mortality：A gradient boosting decision tree approach ［J］. Statistical Analysis & Data Mining, 2010, 3（4）：253 – 258.

［40］丁晟春, 侯琳琳, 王颖. 基于电商数据的产品知识图谱构建研究 ［J］. 数据分析与知识发现, 2019, 3（3）：45 – 56.

［41］杨海慈, 王军. 宋代学术师承知识图谱的构建与可视化 ［J］. 数据分析与知识发现, 2019, 3（6）：109 – 116.

［42］王颖, 钱力, 谢靖, 等. 科技大数据知识图谱构建模型与方法研究 ［J］. 数据分析与知识发现, 2019, 3（1）：15 – 26.

［43］MARTíNEZ – RODRíGUEZ J, LóPEZ – ARéVALO I, RIOS – ALVARADO A B. OpenIE – based approach for Knowledge Graph construction from text ［J］. Expert Systems with Applications, 2018, 113（1）：339 – 355.

［44］WANG C B, MA X G, CHEN J G, et al. Information extraction and knowledge graph construction from geoscience literature ［J］. Computers & Geosciences, 2018, 112（1）：112 – 120.

［45］ROTMENSCH M, HALPERN Y, TLIMAT A, et al. Learning a Health Knowledge Graph from Electronic Medical Records ［J］. Scientific Reports, 2017, 7（1）：59 – 94.

［46］丁晟春, 侯琳琳, 王颖. 基于电商数据的产品知识图谱构建研究 ［J］. 数据分析与知识发现, 2019, 3（3）：45 – 56.

[47] 杨海慈，王军. 宋代学术师承知识图谱的构建与可视化 [J]. 数据分析与知识发现，2019，3（6）：109 –116.

[48] 王颖，钱力，谢靖，等. 科技大数据知识图谱构建模型与 方法研究 [J]. 数据分析与知识发现，2019，3（1）：15 –26.

[49] 马捷，胡漠，张世良，等. 网络舆情危机等级评价模型构 建及其应用 [J]. 情报资料工作，2017，38（4）：36 –42.

[50] BOLLACKER K D, EVANS C, PARITOSH P, et al. Freebase：A Collaboratively Created Graph Database for Structuring Human Knowledge [C]. ACM Conference on Management of Data, 2008：1247 –1250.

[51] MALYSHEV S, KRÖTZSCH M, GONZÁLEZ L, et al. Getting the Most Out of Wikidata：Semantic Technology Usage in Wikipedia's Knowledge Graph [C]. International Semantic Web Conference, 2018：376 –394.

[52] MUSTO C, BASILE P, SEMERARO G. Embedding Knowledge Graphs for Semantics – aware Recommendations based on DBpedia [C]. International Conference on User Modelling, 2019：27 –31.

[53] HOFFART J, SUCHANEK F M, BERBERICH K, et al. YAGO2：Exploring and Querying World Knowledge in Time, Space, Context, and many Languages [C]. International World Wide Web Conference, 2011：229 –232.

[54] XU B, XU Y, LIANG J Q, et al. CN – DBpedia：A Never – Ending Chinese Knowledge Extraction System [C]. International Conference on Industrial, Engineering & Other Applications of Applied Intelligent Systems, 2017：428 –438.

[55] 下一代搜索的起点：百度知心 [EB/OL]. 网易，2013 –

10 – 23.

[56] LV X, HOU L, LI J Z, et al. Differentiating Concepts and Instances for Knowledge Graph Embedding [C]. Conference on Empirical Methods in Natural Language Processing, 2018: 1971 – 1979.

[57] CUZZOLA J, BAGHERI E, JOVANOVIC J. UMLS to DBPedia link discovery through circular resolution [J]. Journal of the American Medical Informatics Association, 2018, 25 (7): 819 – 826.

[58] 寿亦敏. 跨语言信息检索的国内外比较研究 [J]. 情报资料工作, 2009 (4): 53 – 57.

[59] HOLZINGER A. Human – Computer Interaction and Knowledge Discovery (HCI – KDD): What Is the Benefit of Bringing Those Two Fields to Work Together? [C] International Conference on Availability, Reliability and Security, 2013: 319 – 328.

[60] CHEN M H, TIAN Y T, YANG M H, et al. Multilingual Knowledge Graph Embeddings for Cross – lingual Knowledge Alignment [C]. International Joint Conference on Artificial Intelligence, 2017: 1511 – 1517.

[61] BELKEBIR R, GUESSOUM A. Concept Generalization and Fusion for Abstractive Sentence Generation [J]. Expert Systems with Applications, 2016, 53 (1): 43 – 56.

[62] TAO S, ZHENG Z, GUAN Z Y, et al. A DP Canopy K – Means Algorithm for Privacy Preservation of Hadoop Platform [C]. International Symposium on Cyberspace Safety and Security, 2017: 189 – 198.

[63] XIAO Q F, Gao M, WU S C, et al. Attention – Based Improved BLSTM – CNN for Relation Classification [C]. International Conference on Artificial Neural Networks, 2019: 34 – 43.

［64］杨立公，朱俭，汤世平. 文本情感分析综述［J］. 计算机应用，2013，33（6）：1574 - 1578.

［65］周立柱，贺宇凯，王建勇. 情感分析研究综述［J］. 计算机应用，2008，28（11）：2725 - 2728.

［66］TONg R M. An Operational System for Detecting and Tracking Opinions in Online Discussion［C］. Special Interest Group on Information Retrieval Workshop on Operational Text Classification. 2001：1 - 6.

［67］KIM S M，HOVY E. Determining the Sentiment of Opinions［C］. International Conference on Computational Linguistics，2004：174 - 181.

［68］ZHOU L，CHAOVALIT P. Ontology - Supported Polarity Mining［J］. Journal of the American Society for Information Science and Technology，2008，59（1）：98 - 110.

［69］张成功，刘培玉，朱振方，等. 一种基于极性词典的情感分析方法［J］. 山东大学学报（理学版），2012，47（3）：47 - 50.

［70］ARROW K A. Studies in the Mathematical Theory of Inventory and Production［M］. Stanford，CA：Stanford University Press，1958：112 - 124.

［71］徐琳宏，林鸿飞. 基于语义特征和本体的语篇情感计算［J］. 计算机研究与发展，2007，44（s2）：356 - 360.

［72］刘志明，刘鲁. 基于机器学习的中文微博情感分类实证研究［J］. 计算机工程与应用，2012，48（1）：1 - 4.

［73］PANG B，LEE L，VAITHYANATHAN S. Thumbs up? Sentiment Classification using Machine Learning Techniques［C］. Conference on Empirical Methods in Natural Language Processing，2002：79 - 86.

［74］HATZIVASSILOGLOU V，MCKEOWN K R. Predicting the Semantic Orientation of Adjectives ［C］. Meeting of the Association for Computational Linguistics, 1997: 174 – 181.

[75] 袁媛. 情感分析研究综述 ［J］. 信息与电脑 (理论版), 2015 (21): 49, 55.

[76] 唐慧丰, 谭松波, 程学旗. 基于监督学习的中文情感分类技术比较研究 ［J］. 中文信息学报, 2007, 21 (6): 88 – 94.

[77] WHITELAW C, GARG N, ARGAMON S. Using Appraisal Groups for Sentiment Analysis ［C］. Proceedings of the ACM Conference on Inormation and knowledge Management, 2005: 625 – 631.

[78] Moens E A. Machine Learning Approach to Sentiment Analysis in Muhilingual Web Texts ［J］. Information Retrieval, 2009, 12 (8): 526 – 558.

[79] 孙建旺, 吕学强, 张雷瀚. 基于词典与机器学习的中文微博情感分析研究 ［J］. 计算机应用与软件, 2014, 31 (7): 177 – 181.

[80] 孔远志. 印度尼西亚语发展史 ［M］. 北京: 北京大学出版社, 1992.

[81] 张会叶. 印尼语词缀研究 ［D］. 昆明: 云南民族大学, 2009.